生活中的生物和地理
Biology and Geography

美国初中主流理科教材

科学探索者

SCIENCE EXPLORER

浙江教育出版社·杭州

图书在版编目（CIP）数据

科学探索者. 生活中的生物和地理 /（美）奥尔顿•比格斯（Alton Biggs），（美）弗朗西斯科•博雷罗（Francisco Borrero）主编；林静，段玉山译. — 杭州：浙江教育出版社，2018.10（2023.1重印）
 ISBN 978-7-5536-8022-4

Ⅰ. ①科… Ⅱ. ①奥… ②弗… ③林… ④段… Ⅲ. ①生物课－初中－课外读物②中学地理课－初中－课外读物 Ⅳ. ①G634.73

中国版本图书馆CIP数据核字(2018)第249691号

科学探索者
KEXUE TANSUOZHE

生活中的生物和地理
SHENGHUO ZHONG DE SHENGWU HE DILI

出版发行	浙江教育出版社
原 著 名	Biology Earth Science Geology, the Environment and the Universe
原 出 版	McGraw-Hill Education
翻　　译	林　静　段玉山
责任编辑	赵英梅　杨　艳
美术编辑	曾国兴
责任校对	徐荆舒
责任印务	陆　江
图文制作	杭州兴邦电子印务有限公司
印　　刷	杭州富春印务有限公司
开　　本	710mm×1000mm　1/16
印　　张	8
字　　数	160 000
版　　次	2018年10月第1版
印　　次	2023年1月第6次
标准书号	ISBN 978-7-5536-8022-4
定　　价	25.00元

联系电话：0571-85170300-80928

本书封底贴有McGraw-Hill Education防伪标签，无标签者不得销售。

目 录

生物学前沿	骨密度测量	2
生物与社会	大坝，建还是不建？	4
野外调查	地球上的最后一片野生环境	6
生物大发现	一种关于帕金森病的新疗法？	8
生物学领域	遗传诊断和支持	10
地球科学与环境	月 岩	12
探险现场	灾难的足迹	14
地球科学与技术	绘制灾害区地图	16
地球科学与社会	滑 坡	18
探险现场	墨西哥巨型水晶洞	20
生物学前沿	北极熊生态学	22
生物与社会	真 菌	24
野外调查	旺加里·马塔伊种下改变的种子	26
生物大发现	马达加斯加——生物多样性之岛	28
生物学领域	发光生物的医学研究	30

目 录

地球科学与环境	水的守望者	32
探险现场	纽约中央公园的地质情况	34
地球科学与技术	液晶显示屏	36
地球科学与社会	水的世界	38
地球科学与技术	太空时代：技术重塑现代农业	40
生物学前沿	比天然糖还甜的物质	42
生物与社会	转基因植物	44
野外调查	古生物学家关于鸟类进化过程的争论	46
生物大发现	是一个新物种，还是患病的现代人？	48
生物学领域	硅藻——有生命的硅片	50
地球科学与环境	臭氧变化	52
探险现场	风暴观测员	54
地球科学与技术	钻探过去	56
地球科学与社会	天气预报——在混沌中寻找精确	58
探险现场	探索深海海底	60

生物学前沿	探索纳米技术	62
生物与社会	美丽而濒危：珊瑚礁	64
野外调查	寻找巨型鱿鱼	66
生物大发现	探索物种间病毒的传播	68
生物学领域	证据就是花粉	70

地球科学与环境	细菌数量与满月	72
探险现场	夏威夷火山观测台	74
地球科学与技术	火星微环境	76
地球科学与社会	全球变暖对北极的影响	78
地球科学与技术	测量和模拟气候变化	80

生物学前沿	追踪人类进化	82
生物与社会	入侵生物肆掠野外	84
野外调查	昆虫证据	86
生物大发现	在寸草不生的地方勇敢生长	88
生物与科学	干细胞：治愈麻痹？	90

目　录

地球科学与环境	瓦鲁鲁海底山	92
探险现场	阿巴拉契亚山道	94
地球科学与技术	太阳系中的水	96
地球科学与社会	汲取过去的经验	98
探险现场	挖掘恐龙	100

生物学前沿	DNA 条码	102
生物与社会	防晒系数（SPF）和防晒霜	104
野外调查	尸检帮助科学家研究鲸鱼	106
生物大发现	窃听大象	108
生物学领域	法医病理学的工具和技术	110

地球科学与环境	细菌的力量！	112
探险现场	生活在太空	114
地球科学与技术	空间气象和地球系统	116
地球科学与社会	水的价值	118
地球科学与技术	黑洞是"绿色"的？	120

生物学前沿

骨密度测量

或许你的家人告诉过你每天都需要喝牛奶或者吃奶制品以摄入钙,但是你知道为什么要这么做吗?钙是构成骨骼与牙齿的重要元素。人体也需要钙元素来协助心脏跳动,保证神经系统及肌肉的正常运作。

钙元素与骨密度有何关联? 你如果没有从饮食中摄取足够的钙元素,那么身体就会吸收骨骼与牙齿中的钙元素,因为人体中的钙元素主要储藏在骨骼与牙齿中。人体中85%～90%的骨量是在青春期获得的。青少年时期应该摄入足够的钙元素,这非常重要,因为这样才能确保你在青春期结束后会有强壮的骨骼。骨骼是否变脆、变弱,你并不能马上就能知道,因此在其他各个年龄阶段同样需要摄取足够的钙元素。

体内钙元素减少时,人体会更容易发生骨折、龋齿、患骨质疏松症等。骨质疏松症指的是骨密度降低的症状。当骨密度降低时,骨头就会变脆、充满空穴,更容易发生骨折。

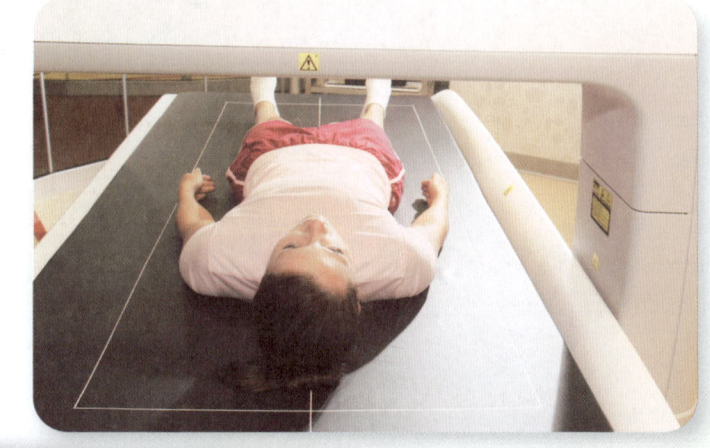

▶ DXA有一个可移动的机器臂,该机器臂纵向扫描待检测者的身体。

如何测量骨密度？ 双能X射线骨密度仪（DXA）能够测量骨密度，医生可以拿到一张准确反映待检测者骨骼中钙元素含量的X光片。与密度低的骨骼相比，密度高的骨骼含有更多的钙元素，因而更结实。

DXA的工作原理是什么？ X射线与可见光相似，但X射线的波长更短。对密度不同的组织，X射线的反射也会有差异。当使用传统的X射线时，骨头在照片上呈白色，软组织要么不会显现出来，要么呈现为灰影。

DXA会发射不同波长的X射线，而密度不同的骨骼对各种波长的X射线的反射程度也不同，这就是DXA检测人体骨密度的基本原理。DXA也可以将信息传导到计算机中，由计算机程序对数据进行分析整理，并将数据以曲线图与图像的形式呈现给医生查阅。

通过DXA提供的数据，医生与科学家能够帮助病人预防或治疗低骨密度和骨质疏松症。对存在患骨质疏松症风险的人群而言，常规DXA扫描能有效监测骨中钙元素的流失情况。

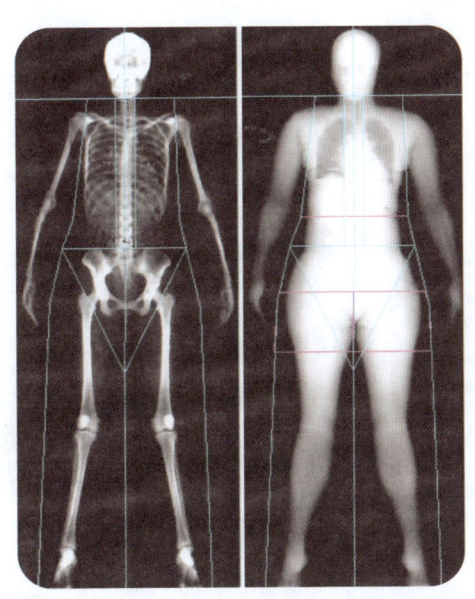

▲ DXA扫描，显示身体成分与骨密度。

科技写作

生物技术 查阅医疗研究领域中除DXA之外的另一项生物技术的相关信息，并展示在海报或小册子上。

生物与社会

大坝，建还是不建？

美国葛兰峡谷地区是漂流、垂钓、徒步和玩皮划艇的好地方。同时，葛兰峡谷大坝也是一座饱受争议的大坝——葛兰峡谷大坝所在的位置。1956年到1963年，大坝修建于亚利桑那州的科罗拉多河上，拦截了来自鲍威尔湖的湖水并使水量减少。

经济效益　葛兰峡谷大坝为许多乡镇社区提供了电力资源，也为加利福尼亚州、新墨西哥州、亚利桑那州和内华达州提供了水资源。

▼ 葛兰峡谷大坝每年为数以万计的游客提供休闲娱乐的场所，但它也影响到了科罗拉多河的生态系统。

鲍威尔湖是美国西南部旅游人数最多的目的地之一，这为当地人提供了许多就业机会。每年数以千万计的游客去鲍威尔湖旅游，进行徒步、划船、钓鱼和游泳等活动。

对动植物的影响　大坝的建立为当地带来了经济效益，但同时也对科罗拉多河的生态系统有负面影响。因为大坝改变了当地鱼类的栖息地，鲭鱼、鲢鱼和科罗拉多叶唇鱼已经濒临灭绝。

目前，在鲍威尔湖沿岸，占主导地位的是称为红柳（又名柽柳）的一种非本地、半沙漠化的灌木丛。红柳比沙洲柳、古丁柳、佛利蒙三角叶杨等当地植物更有竞争优势。红柳能逐渐将盐分收集到自身的组织中，并最终将盐释放到土壤中，导致土壤不再适宜当地植物生存。

对温度的影响　在大坝建设之前，科罗拉多河的水温在冬天低至冰点，而夏天高达29℃。但自从大坝建立，下游的水温一年四季基本维持在7～10℃。这一温度不会影响非本地的红鳟鱼产卵，却会影响本地物种的进食。

美国垦务局已经提议在葛兰峡谷大坝上安装一个温度控制设备以调控水温。环保人士提出，这项措施可能无法解决当地物种面临的问题，因为这些物种适应了自然河流生态系统中的水温变化。

葛兰峡谷大坝对科罗拉多河地区的生态系统带来了负面影响，但它也为当地带来了经济效益。如何权衡利弊？生物学家每天都需要面对类似的现实问题。

生物学中的辩论

合作　组成几个小组开展辩论：在科罗拉多河上修建大坝的利弊。在辩论前，需要开展一些相关的研究。

野外调查

地球上的最后一片野生环境

想象一下，你正在茂密的森林中徒步，没有公路或人行道，身边只有那永无穷尽的灌木丛和长长的藤蔓。听上去像个噩梦吗？对于野生动物保护学家迈克·费伊博士来说，这样的地方简直就是天堂。

"大断面"计划 费伊是一位野生动物保护学家，他研究人类活动如何影响生态系统。在中非工作时，费伊注意到一大片没有被人类活动干扰的完整森林廊道，从非洲的中部一直延伸到大西洋。费伊设想沿这条廊道的长边行走，研究所谓的"地球上的最后一片野生环境"。他将这一历史性的工程称为"大断面"计划。

穿越非洲心脏　"大断面"计划从1999年开始。在15个月的旅途中，费伊的团队徒步行走了3 200 km，穿过了刚果共和国、喀麦隆共和国和加蓬共和国。正是由于费伊的工作，13个国家公园在刚果共和国成立。

"大断面"计划的工作数据　"大断面"计划以数据测量的方式来确定人类的影响。应用卫星和现场数据，动物保护学家设计了一个全球地图——"人类的脚印"，其中描述了人类在中非的影响范围。

"大断面"项目的成功为后续的"大飞越"计划赢得了资助，即在小型飞机上飞越非洲11万千米。2004年，费伊开始了为期8个月的航行。飞机上安装了具有高分辨率的数字摄像机，这台摄像机与全球定位系统（GPS）相连，希望在"大断面"项目的实施过程中建立数据库。

与生物学相关的职业

口头报告　通过研究了解更多有关费伊的工作。做一份口头报告，描述成功实施"大断面"计划所需的技能和知识。

生物大发现

一种关于帕金森病的新疗法？

演员迈克尔·福克斯在一天早晨醒来后发现他的手指发生抽搐，他一开始并没有在意这个奇怪的症状，但是一年之后，他被诊断为早发性帕金森病。这种逐渐恶化的疾病会引起身体产生不受控制的动作，一般在60岁左右的人群中发生，但是福克斯在30岁就被诊断为帕金森病。

帕金森病基金会（PDF）建立了对于帕金森病的研究，研究出了一种能够缓解帕金森病的新疗法，这种治疗利用的是患者的皮肤细胞。

帕金森病是什么？ 帕金森病会伤害大脑中的神经元细胞。神经元利用多巴胺控制肌肉的运动，多巴胺能够在神经元之间传递信息。除了控制肌肉方面的问题，帕金森病患者在肌肉的坚硬度、平衡性和协调性方面也有麻烦。这种疾病的症状最初比较轻微，随着时间的推移会逐渐加重。当前还没法治愈帕金森病，科学家不确定其发病的原因，他们认为可能的原因有：导致大脑中蛋白质堆积的突变基因以及一些环境因素。

寻求治疗 医生通常是结合药物治疗、头部手术、物理疗法、语言练习及其他疗法来治疗帕金森病。科学家利用干细胞替代患者大脑中病变的神经元细胞,而所利用的干细胞来自患者的皮肤细胞。

这些干细胞用来形成能够产生多巴胺的神经细胞,然后医生将这些新的神经细胞导入大脑中。因为干细胞来自患者自身,所以不会产生免疫排斥。有时也会利用别人提供的细胞或器官。

科学家早期是利用猕猴进行这种与干细胞相关的研究的,他们希望通过该研究能够缓解帕金森病。

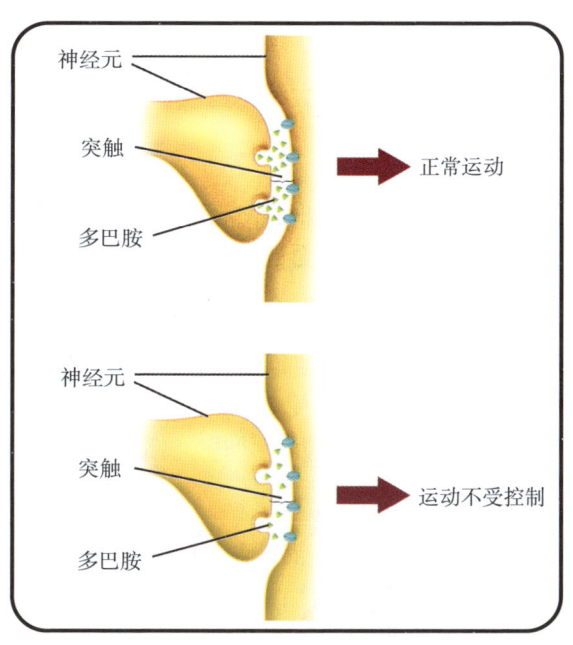

▲ 低水平的多巴胺是诊断帕金森病的依据,多巴胺控制肌肉的运动。

社会参与

志愿者 采访一位了解帕金森病患者需要的当地人员。一些帕金森病患者可能需要一些帮助(如庭院活动等)。写一份关于帕金森病患者所需帮助的清单,交给当地的志愿者组织。如果有可能,志愿者会给予帕金森病患者一些帮助。

生物学领域

遗传诊断和支持

职业:遗传顾问

你是否知道你们家族中有什么遗传缺陷病？遗传顾问能够专业地揭示和解释这方面的信息。

遗传顾问　遗传顾问运用遗传学知识给受遗传缺陷病影响的人们提供信息和支持。他们在基因诊断、监测和相关治疗选择方面是专业的。遗传顾问也接受过与基因诊断的结果相关的情感心理方面的培训，他们会组织活动，并进行相关的讲解。

遗传诊断包括什么?

进行基因诊断确定特定的基因或染色体是否正常，一般包括血液或组织的取样。在产前诊断中，有必要时医生会对羊水或胎儿周围的组织进行取样。

▲ 有时候，医生需要一个口腔拭子进行取样来进行检测。

在正式开始诊断之前，如果能够事先提供你的家族中其他人的患病细节，有时需要追溯到祖父辈，将会给疾病风险的判断提供帮助。一些家族的遗传史能够给医生提供足够的遗传诊断信息。

哪些人需要进行遗传诊断？ 有时候医生会建议进行遗传诊断，但更多的是人们自愿想了解更多的信息。

进行遗传诊断的一些可能原因：

有遗传缺陷家族史；

一种癌症的非常规发生；

担心后代可能有由遗传引起的健康问题；

准备怀孕的夫妻希望知道他们的后代会不会有遗传方面的患病风险。

目前有数百种遗传检测的方法。虽然医生和健康专家能够进行遗传检测，但他们经常会建议病人先去咨询经过专业训练的遗传顾问，由他们给病人提供比较可行的选择建议。

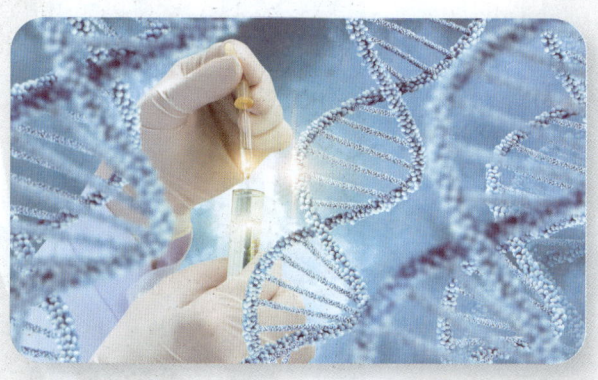

科技写作

辩论 组织一场与遗传诊断的潜在用途相关的辩论，写出你的论点，并对辩论进行总结。

地球科学与环境

月 岩

每一次的阿波罗登月任务中，都会采集回一些月球岩石的样品（以下简称"月岩"），这对我们研究月球的起源、历史和环境有很大的帮助。那么，月球上的岩石相比地球上的岩石，究竟有什么差别呢？

月岩的类型 从1969年到1972年间，宇航员们采集了约380 kg月岩。这2 415片岩石大小不一，有的只有沙粒般大小，有的有篮球那么大。

总体而言，月岩的颜色差异很大，有的是灰色，有的是黑色，还有白色和绿色的。月岩的质地也各异，有的是玻璃质感的，有的比较坚硬，还有的比较脆弱。科学家们通过分析这些岩石样品，知道了月球上至少有三种类型的岩石。玄武岩是熔岩流和火山灰通过陨石撞击产生的裂缝与孔隙到达月球表面后形成的。角砾岩是陨石破裂后的岩石经高温重新混合在一起形成的岩石。太古岩是没有被陨石撞击过的原始岩石，通常由富含钙的灰色斜长石组成。

▲ 这位科学家正在研究一块玄武岩，这块月岩是"阿波罗15号"从月球表面采集回来的。

月岩的成分　月岩有两个独特之处。首先，它们不存在氧化过程。月岩中有较高的含铁量，这一点与地球上容易被风化、锈蚀的含铁岩石有鲜明的对比。其次，这些月岩的表面覆盖着细小的，叫作"冲击坑"的麻坑。这些月岩的小麻坑是由微陨石撞击形成的，但这些冲击坑不会出现在地球表面的岩石上，因为微陨石与地球大气间的摩擦使得它们在到达地表之前就燃烧殆尽了。

月岩的分类　科学家们用地球上对火成岩的分类法来对月岩进行分类。根据矿物成分，科学家们命名了一种新的月岩：克里普岩（KREEP rock）。这种岩石含有大量的钾元素、稀土元素和磷元素。

月岩的含水量　有超过40年的时间里，科学家们一直以为月球是干燥的。但是，2010年的时候，研究者们在20世纪70年代美国国家航空航天局阿波罗登月任务中采集的月岩样品中发现了水。这些水可能来自彗星。在根据这些岩石研究月球起源与历史的过程中，科学家们还在不断提出新的问题。

地学写作

月岩游戏　根据资料，设计一个科学家们采集和分析月岩样品的游戏。为加深对月岩的理解，你还可以与其他同学交换游戏方案。

探险现场

灾难的足迹

2004年12月26日，印度洋海域发生大地震。地震引发的海啸波及印度洋周边多个国家和地区，并造成重大损失，来自世界各地12个国家的近30万人罹难。紧随人道主义救援，许多地球科学家在灾后重建之前，赶到这一区域采集数据。

规划探究 南加州大学的环境工程师——乔斯·伯瑞诺想要确定海啸来临时波浪的高度、向内陆侵袭的距离、数目以及两组波浪之间的距离。这些信息将决定在哪里重建城镇，同时对自然灾害预警系统的开发也很有帮助。

进行测量 为了测量波浪的高度和随之而来的水流强度，伯瑞诺观察了坚挺在原地的建筑物上所留下的泥土和水痕。他在有水痕的地方放置一根5 m长的杆子来测量水位。他发现，越往海边走，越难精

▲ 海啸过后的城市变成了一片废墟。

准地测量水位。很多地方的水位都不止 5 m，所以他只能靠目测估算，然后拍下照片存证。每一次测量，他都会利用全球定位系统（GPS）来记录当前所处的位置。在经历了 6 天的灾区采样之后，伯瑞诺采集了 150 多个数据点的信息。一回到美国，科学家们就用这些数据估算出了当时在班达亚齐的浪高在 15～30 m。这次海啸几乎席卷了海岸线以内 3.2 km 的陆地范围。

运用模型　模拟真实情境下的自然灾害基本上是不可能的，也不合伦理，所以科学家们运用采样得到的真实数据，创设了一个模型，来帮助我们更好地理解大自然的力量。科学家们运用的科学方法和采样得到的数据，为建构模型或计算机模拟提供了所需的信息。在实验室里，伯瑞诺把这些数据也用在了研究其他海啸的模型中。他用这些数据去预测：假设海啸袭击了美国海岸，浪高会达到多少，以及海岸线附近受淹区域的范围有多大。

利用采集到的这些数据能更好地监测海啸，从而防止海啸给沿海地区再次造成毁灭性的破坏。

地学写作

期刊论文　想象你是一位重灾区科学考察队中的地质学家，你将如何运用科学方法来为你的报告收集数据？

地球科学与技术

绘制灾害区地图

2005年8月29日，卡特里娜飓风袭击了新奥尔良地区，造成960亿美元的损失并导致近2 000人死亡。在这样的重大灾害后，救援人员是如何到达灾区的呢？地图测绘技术帮助救援人员确定优先救助区域，并为受灾地区制订救援计划。

▲ 卡特里娜飓风过后的新奥尔良地区。房屋等基础设施受到严重破坏。

GPS与灾害救援 全球定位系统（GPS）的卫星能向地球发回信号，告知接收器用户的准确位置。它以每小时14 000 km的速度运行，其动力来自太阳能。卡特里娜飓风期间，GPS信号能提供受灾地点、幸存者和救援人员位置的实时信息。

▶ 这张图片反映了卡特里娜飓风造成的洪灾和破坏。像这样的卫星图片可以帮助救灾人员更好地应对救援。

GIS 的应用 灾害中使用的另一项重要的测绘工具是地理信息系统（GIS）。这一技术可以获取、存储、记录并分析相关地理要素和位置等数据。因此，许多有关环境问题或救灾工作的重要决定都可以利用 GIS 数据做出。卡特里娜飓风后，GIS 数据为救援人员提供了附近区域内医院的位置，这使得急救人员能够迅速将伤员送至医疗机构。

其他成像系统 其他地图测绘软件也能提供真实的地球图像。这些图像可以显示受灾区域范围，以及适合作为救灾地点的建筑物。

合成孔径雷达（SAR）偏振成像技术能够快速探测受灾区域。在其他卫星图像中，受灾区域的景观可能会被云、黑夜、烟雾或灰尘阻挡。因为使用雷达技术，合成孔径雷达测绘不受这些因素的影响，从而使救援人员更容易获取灾区图像。

通过卫星和航空图像为遭受自然灾害的地区绘制地图，救援人员能更容易进入这些区域，他们也能更好地为应对受灾区域的地理变化、建筑物毁坏和其他自然挑战做好准备。测绘技术的进展及其可利用性的增强对灾害救援计划的后续发展有重要意义。

地学写作

地图测绘的应用 研究最近的一次自然灾害。在你找到的有关该次灾害图像的基础上，写一篇描述性的新闻报道。记得在你的新闻报道中放入一些图片。

地球科学与社会

滑　坡

2005年1月10日上午，加利福尼亚州拉肯奇塔的居民醒来后发现，受滑坡影响，进出城镇的公路双向都被封堵了。大约在中午12:30的时候，很多居民都听到了巨大的声响。城镇上方的悬崖坠落了600 000多吨的尘土和泥沙，4个街区都覆盖了近10 m厚的碎屑物。科学家们来到事发地，考察发生此次大规模滑坡的具体原因以及该地是否会再次发生滑坡。

背景　拉肯奇塔坐落于高速公路和大型悬崖间的狭小地带。这个悬崖土质的黏性很弱，水分含量一高就容易变得松动，特别是长时间的大雨过后。受到经常性滑坡的影响以及处于断裂带的原因，这个斜坡变得日益松动。

在此次滑坡前的两周里，这个地区经历了有记录以来最大的降雨，降水量大约35 cm，这通常是该地区一年的降雨量！过量的降水使整面的泥土从山上滑落下来。

▲ 2005年加利福尼亚拉肯奇塔发生的块体运动造成了10人死亡。

滑坡历史 但是，此次滑坡事件并不是该地发生的首次滑坡。实际上，这个山崖上有很多次滑坡的痕迹。十年前的1995年3月，该地区在一周内经历了两次毁灭性的滑坡。这些滑坡也是由大暴雨引起的，但是当时泥土滑动的速度相对缓慢，所以居民们有逃离的时间。这次滑坡其实是1995年那次滑坡的后续——上次滑坡后沉积下来的泥土由于大雨变得松动后继续下滑。1995年的滑坡事件后，州政府修建了防护墙来防御滑坡。然而，在2005年的滑坡事故中，土壤、泥沙和碎屑物甚至越过了部分防护墙。

争论 2005年的这次滑坡是否可以被监测到？政府是否可以及时提醒当地居民，从而减少损失？这些问题的答案很有可能是肯定的。事实上，该城镇的部分居民正在起诉政府没有保护好市民，也没能及时通知他们即将发生的危险。

对于居住在自然灾害多发地区的居民，政府是否有责任警示并保护他们呢？或者说，责任是否在没有充分理解居住地危险性的居民自己身上呢？拉肯奇塔的居民和政府必须考虑这些问题，美国易发生灾害的城市和地方政府未来同样也需要考虑这些问题。

地学写作

辩论 收集发生在你家附近的自然灾害资料。以"人们应不应该居住在发生过自然灾害的地区？为什么？"为话题进行一场班级辩论。

探险现场

墨西哥巨型水晶洞

▲ 奇瓦瓦州奈卡水晶洞的一部分。此洞因其中的晶体形状壮观而闻名于世。

埃洛伊和哈维尔正缓慢地行进在墨西哥奇瓦瓦州的奈卡水晶洞。洞内温度极高，他们呼吸都有些困难。他们进入一个水晶洞时，被眼前的景色震惊了。面前的晶体柱明亮又耀眼，且高达 4.5 m。这些晶体怎么会长得这么大？是什么样的条件使得它们能够长成如此惊人的模样？

洞穴中的气候 巨型石膏晶体出现在奈卡水晶洞中的位置大约在地下 300 m 处。洞内温度在 50 ℃ 左右。这里的空气相对湿度为 90%～100%。这样极度恶劣的环境意味着每个人在这个洞里最多只能待上几分钟。

洞穴中晶体的形成 奈卡水晶洞中的晶体是一种透石膏。洞中晶体形态各异。有一种晶体好像是从洞底生长出来的植物，它们的颜色就像从泥土中长出来一样，泛着一点灰色。另一种则似乎是从洞穴墙壁向四面八方刺出的利剑。这些晶体长度在 0.5~1 m 之间，颜色呈不透明的白色。在这个巨大的洞穴里，这样的晶体总质量大约超过 50 吨，长达 11 m，宽 1 m。

这些晶体是如何形成的呢？ 晶体的形成需要以下条件。首先，它们需要一个空间，在这个案例中，空间就是一个洞穴。洞穴是水溶蚀岩石较为薄弱的区域而形成的。其次，晶体需要一个富含矿物质的水源。晶体的形成也有赖于压力、温度、洞中的水量、水中矿物质的化学成分等因素的影响。

▲ 现收藏于中国地质博物馆的墨西哥透石膏。

地质学家们认为，这些晶体之所以如此巨大，是因为洞内的水源富含矿物质，且温度常年在 50 ℃ 左右。这样的环境特别适合晶体的生长。在 1985 年，矿工为了开矿，用水泵抽地下水时，无意中抽干了这个洞穴中的水，这才发现了这个巨型水晶洞。科学家们猜测，其中最大的那颗晶体可能有 60 万年的历史。

地学写作

阐述 研究洞穴中晶体形成的过程。选择一个洞穴，设计一份宣传册来描述其中发现的不同类型的晶体。

生物学前沿

北极熊生态学

2006年末,美国鱼类与野生动物保护局指出:北极熊已经被1973年通过的美国《濒危物种保护法》列为濒危物种。从那时起,科学家就开始运用一种新方法来研究世界上最大的陆生捕食者的生态需求,不是通过追踪北极熊本身,而是通过追踪北极熊生活的栖息地——不断退却的冰块。这些冰块对于北极熊的生存至关重要。

▲ 近60%的北极熊居住在加拿大。

斯科特·卑尔根是一名野生动物保护协会的生态学家，他与其他科学家一起利用卫星及气象资料，预测在不久的将来哪些地方仍然有海冰。北极熊的保护工作将集中在这些栖息地。

北极熊的需求 北极熊只居住在北极圈内，包括美国（阿拉斯加）、加拿大、俄罗斯、丹麦（格陵兰岛）及挪威这些国家。每年冬天形成的海冰为北极熊的活动提供了通道，同时创造了一个理想的捕猎环境。北极熊依靠这些季节性形成的海冰，追踪它们最喜爱的猎物——环斑海豹和髯海豹。随着海冰减少，北极熊成功捕食这些游泳迅速的海洋哺乳动物的能力也随之下降。

严峻的事实 科学家计划结合过去30年的卫星及气象资料，包括全球气候变化的预测，制定出保护北极熊最有效的措施。

科学家认为，他们能够利用地理信息系统，确定短期的季节影响和大规模的气候现象（如北极及北大西洋涛动）及其对北极大型动物的影响。一位参与该项目的科学家声称："一些北极熊能否生存下来，取决于人类在下一年所做的决定。"

科技写作

建议书 调查一个物种入选濒危物种保护名录的条件。然后选择一个物种，写一份建议书，强调该生物入选濒危物种保护名录的重要性。

生物与社会

真 菌

▲ 白桦茸是一种寄生性真菌，可以从白桦树、赤杨树、山毛榉中获取营养。

1991年，冰人奥茨的木乃伊尸体被发现，这为人们展现了5 000年前石器时代生命的图景。在他的腰带上发现了两块核桃大小的桦木真菌（白桦茸），这种真菌能够引起腹泻，也能用作抗生素。白桦茸通过清除寄生在冰人体内的寄生虫虫卵来减缓寄生在他结肠中的寄生虫带来的影响。

民间英雄 从16世纪开始，白桦茸在东欧就被作为一种传统的民间药方，白桦茸出现在中文书籍中的时间可以追溯到4 500年前。白桦茸已经被用于治疗肺结核、多种癌症和肠道疾病，通常碾碎后作为花草茶服用。

白桦茸 白桦茸是一种寄生真菌，生长在白桦树的树干中。在俄罗斯，白桦茸被称为"白桦树杀手"，因为它能够使树木在5～7年内死亡。据估计，在1.5万棵白桦树中，仅有1棵含有白桦茸。在西伯利亚，草药商们将生长在白桦树中的白桦茸看得尤为重要。白桦茸中高浓度的有效成分使得它们能在相对恶劣的环境中生存。

制作更好的抗癌药物　目前的科学研究支持了一些民间医药代代相传的观点。白桦茸将在白桦树树皮中发现的化合物"白桦脂醇"转化为能够被吸收的形式。白桦脂醇被证实有抗疟、抗炎和抗HIV活性作用，此外，还可以杀死某些肿瘤细胞。1998年，一项研究表明，将白桦脂醇（白桦脂酸的形式）注射到肿瘤细胞中时，能够引起细胞凋亡（程序性细胞死亡）。

白桦茸中含有高浓度的抗氧化剂，能够抑制自由基（高活性、不配对电子）对细胞的损伤。2005年的一项研究表明，蘑菇中的提取物能够保护人体淋巴细胞中的DNA免受氧化损伤。此外，研究发现蘑菇中的活性多糖能够激活免疫系统。

科学家估算，真菌的数量已超过了100万种，而许多真菌还未经确认。美国国家癌症研究所每年从热带雨林中收集1 000种真菌样本，来检测真菌中是否含有抗病成分。同时，为了加强这些自然疗法的观点，研究者们也在继续研究已有的草药。

设计一个棋盘游戏

团队合作　设计一个棋盘游戏，用来描绘一种生活在热带雨林植物上的真菌的癌症疗法的发展。此外，进行关于药物开发和从真菌中获取药物的研究。

野外调查

旺加里·马塔伊种下改变的种子

旺加里·马塔伊是一直在家乡生活和工作的肯尼亚人,她为改善农村地区妇女的困境做出了贡献。有限的木柴、稀缺的水资源以及贫瘠的土壤,这些都难以满足农村妇女的家庭需要。马塔伊是怎样解决这个问题的呢?答案是种树,并且教其他妇女种树。

在马塔伊的领导下,1977年开始的种树逐渐发展为"绿带运动"。这一民间的、非政府组织的行动减少了肯尼亚森林砍伐带来的环境和社会问题。除了倡导种树外,"绿带运动"也致力于提高环保意识、志愿者精神、本地生物多样性保护、社区发展及当地女性的自立自强。2004年的诺贝尔和平奖授予了马塔伊,以表彰她在"可持续发展、民主与和平"方面做出的突出贡献。

肯尼亚的积极改变 作为肯尼亚环境改变的领导人,马塔伊帮助肯尼亚人更深入地理解了他们在环境保护中的重要作用。现今,肯尼亚有超过600个社区网络,负责监督约6 000个苗圃。这些苗圃主要

▲ 旺加里·马塔伊

雇佣肯尼亚妇女，并为她们提供家庭收入来源。在社区网络工作的人们已经在全国种植了超过3 000万棵树。退化的森林正在重新生长，该地区的生物群落也恢复了往日的生机与活力。

土壤侵蚀变慢了，并且土壤的肥力和保水能力也提高了。果树及其他农作物的广泛种植，既减少了饥饿，还明显提高了农村家庭的营养水平。

时隔40多年，"绿带运动"的影响仍然非常明显。从肯尼亚开始，非洲的很多其他国家也开展了"绿带运动"，包括坦桑尼亚、乌干达、马拉维、莱索托、埃塞俄比亚和津巴布韦等。

社区服务

行动计划 你会怎样参与到社区的植树活动中？制订一项行动计划，包括怎样联系当地团体获得信息、设计植树工程的细节、获得资源及执行活动计划。

生物大发现

马达加斯加——生物多样性之岛

同加拉帕戈斯群岛一样，马达加斯加岛也是生物多样性的典范。在马达加斯加岛上，生活着成千上万个珍稀的动植物物种，包括狐猴、青蛙、壁虎、蜥蜴、蝴蝶和兰花等。科学家估计，马达加斯加有80%的植物和动物物种都是该地特有的，这些物种在世界上的其他任何地方都没有分布。2009年发表的一项科学研究报告指出，在马达加斯加发现了多达221个新的青蛙物种，这个数值几乎是到目前为止在这个岛上发现的两栖动物种类的2倍。

巨型叶尾壁虎 有一种爬行动物被称为巨型叶尾壁虎（Uroplatus fimbriatus）。顾名思义，这些夜行壁虎的尾巴形状像树叶，这有助于它们通过伪装来逃避捕食者。如果被捕食者抓住尾巴，壁虎会断尾使自身得以逃脱。尾巴会重新生长，但它的外形可能会发生变化。由于壁虎可以改变体色混迹于树木中，故它们可以隐藏在树林中。

▲ 巨型叶尾壁虎（左图）和侏儒狐猴（右图）都是只生活在马达加斯加的物种。

巨型叶尾壁虎还有一些其他引人注目的特点。例如，它们没有眼睑，所以只能用舌头舔舐眼球以进行清洁。它们的脚趾长有微小的刷毛，这使它们能够在光滑且垂直的表面爬行。当这些壁虎受到惊吓时，它们便抬起头，竖起尾巴，张开嘴巴，并开始吼叫或尖叫。

侏儒狐猴 狐猴是马达加斯加特有的一种灵长类动物。在岛上有88种狐猴，最小的一种是侏儒狐猴（Microcebus myoxinus），它也是世界上最小的灵长类动物。

侏儒狐猴体长只有6 cm，但有一条长达13 cm的尾巴，质量只有30 g。侏儒狐猴主要生活在树上，吃昆虫和水果，它们有一对大耳朵，听力很好。

每年，马达加斯加岛上都会有新物种被发现。很多科学家将注意力转向这个岛，它作为地球上生物多样性最丰富的地区之一的地位可能会进一步提高。

公开展示研究成果

老师会把你们班的同学分成几个小组，然后会给每组一张表格，这张表格中列出了马达加斯加特有的五个物种。请你与组内的同学一起研究这些物种。把你们的发现向全班同学展示。

生物学领域

发光生物的医学研究

你在夏日傍晚一定见过发光的萤火虫吧？这是萤火虫体内因生物发光反应产生的光。很多海洋生物（如水母）也是能够进行生物发光的，维多利亚多管发光水母对科学研究具有巨大的贡献，因为从其中获得的绿色荧光蛋白（GFP）基因在研究中得到了广泛应用。

关于细胞功能的信号　维多利亚多管发光水母是在北美西海岸发现的，直径只有5~10 cm。其细胞中具有发光蛋白，能够发出深蓝色光，GFP吸收这种光并将其转换成鲜艳的翠绿色光。20世纪90年代，科学家分离并克隆了GFP基因，而现如今，科学家将GFP基因同

▲ 绿色荧光蛋白最早是在能进行生物发光的水母中发现的。

其他基因重组并使其在活体中表达，通过检测GFP的发光标记来分析目的蛋白在细胞中的行为及功能。

生物学标记　通过对GFP荧光的追踪，可以对目的蛋白进行定位研究，也能够了解该蛋白质的表达量。研究人员将GFP基因转移到病毒中，进而方便观察病毒在整个宿主体内的扩散过程。

在肿瘤细胞中嵌入GFP基因，可以分析肿瘤细胞的生长及扩散情况，也能观察到其对健康细胞的危害程度。生物发光图像能够被用作评估各种类型的治疗（关于肿瘤的）效果。科学家的目的是利用GFP在肿瘤细胞中的表达，通过荧光显示鉴别出肿瘤组织，再对其进行针对性地治疗。

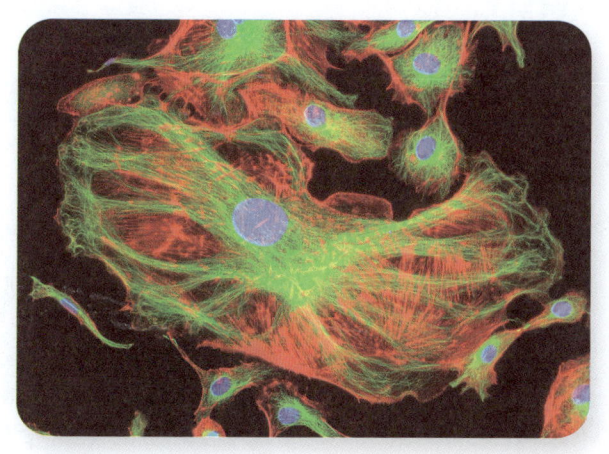

科技写作

研究和交流　GFP被用作评估基因治疗、疫苗及对癌症治疗的效果。研究GFP是如何被用于癌症研究的，将你的发现和同学进行交流。

地球科学与环境

水的守望者

安全的饮用水对许多人来说是理所当然的。地下水是人类用水的重要来源。但谁能保证地下水源始终是安全的呢？

水文地质学家 研究地下水的科学家称为水文地质学家，他们负责发现和监测地下水源，确保供水没有被污染并且没有过度使用。水文地质学家生活中的一天是什么样的呢？他们前一天可能还在实地进行水位测试，第二天就在办公室里评估数据，后一天可能又去寻找房屋供水管道的故障了。

含水层案例研究 假设一位农民想要安装灌溉系统，其中包括新挖一口井。首先，他必须检查该地区含水层的水位，以确保新井不会造成其他用户用水短缺。水文地质学家在附近找一口可以使用的井，将其连接到抽水泵，连续抽水24小时；再定期检查该地区的其他水井，确定其水位和水质的变化。从这些收集的数据中，可以计算出含水层的水量并确定这口新井的可用水量。

假设，农场开始使用灌溉系统后，道路边的一处房屋失去了供水。水文地质学家就会去该房屋检查技术问题，例如井孔。如果不是由技术原因引起的，他们将通过复核含水层的供水来重新评估灌溉系统。

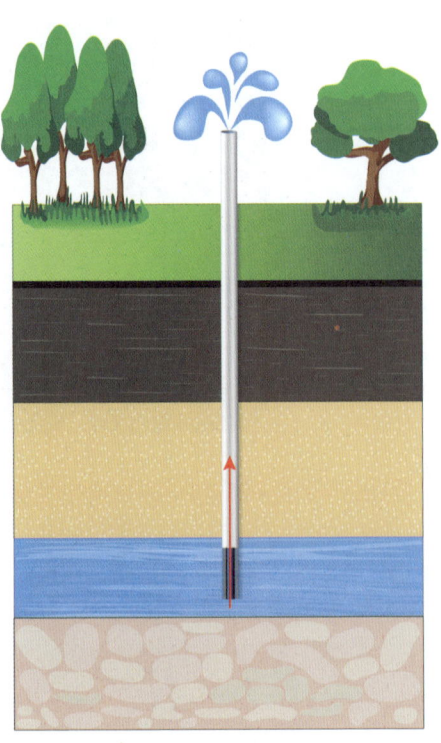

▲ 含水层示意图

保证水质 水文地质学家还负责检查水质。如某一含水层的水中出现了奇怪的味道和气味，居民们需要知道水是否可以安全饮用。水文地质学家会采集样本并将它们送到实验室进行各种污染物测试，如污染物成分检测，农药、溶解性重金属或有机物含量检测等。如果发现污染物，水文地质学家会建议居民在发现污染物源头和解决污染问题之前不要饮用该水源。水文地质学家随后会开始调查这个问题，不断寻找线索直至发现污染源并阻止污染进一步扩散。

▲ 这些水文地质学家从井水中取样，以确定其是否被污染。

地学写作

日志 调查更多有关水文地质学家的工作内容。然后，假设你和一位水文地质学家在一起工作一天。描述你看到的、做的事以及你所学到的关于含水层的知识。

探险现场

纽约中央公园的地质情况

有些人到遥远的地方旅行，就是为了一睹不同类型的岩石。其实，我们很容易在城市里发现各种典型的岩石。纽约城的中央公园就是一个非常适合寻找火成岩、沉积岩和变质岩的地方，无论是自然环境中的岩石，还是用于雕塑、纪念碑或桥梁的岩石，你都可以在这里找到。

▲ 纽约中央公园

方尖碑 高21 m、重221吨的方尖碑是中央公园里最古老的人造建筑。这块花岗岩来自公元前1475年古埃及的采石场，迄今已有3 000多年的历史。它于1881年从埃及运到美国。与其他类型的岩石相比，花岗岩不容易风化，所以几百年前的碑文至今仍然清晰可见。它也因此成为最著名的纪念碑之一。

▲ 克利奥帕特拉之针

▲ 缅因舰纪念碑

缅因舰纪念碑 坐落在中央公园主入口的缅因舰纪念碑是由大理石、石灰岩和青铜共同制成的。舰艇的船首由大理石雕刻而成。大理石是一种变质岩。青铜雕塑则坐落在一个15 m高的石灰岩塔顶上。

片岩和片麻岩 这两种是中央公园原有的变质岩。你可以在公园里找到出露地表的这些岩石，它们是由沉积岩或火成岩经过高温和高压变质而成。盖普斯托拱桥就是就地取材，用当地的基岩建造而成的。

▲ 盖普斯托拱桥

地学写作

宣传手册 研究更多关于建筑材料中使用的不同类型岩石的资料，或对你所在地区的岩石做些调查。制作一个描述当地地质特征的旅游宣传手册。

地球科学与技术

液晶显示屏

早上,你起床后准备去学校。你抓起手机就冲出门,走之前扫了一眼你的手表。一到学校,你就拿出计算器,准备接下来的数学考试。放学后,你查看了一下电子邮件,然后开始看电视。你有没有意识到,这个过程中自己大概已经用了5次液晶屏(LCD)技术呢?或许你之前已经听过这个名词,但你知道它到底是什么吗?

液晶 我们知道,液体和晶体是物质的两种形态,但有没有一种既有晶体特性又有液体特性的物质呢?容器中液体的微粒能向各个方向运动,具有流动性;而固体的微粒则有序排列,不做无规则运动。液晶分子取向有序,也就是说,如果把它们并排放在一个薄薄的玻璃盘子里,它们会并排向一个方向运动。因为液晶还具有一些液体的性质,所以这种晶体能像鱼群一样游动。液晶这种介于固体和液体之间的特性,使得它能用于制造各类电子产品。

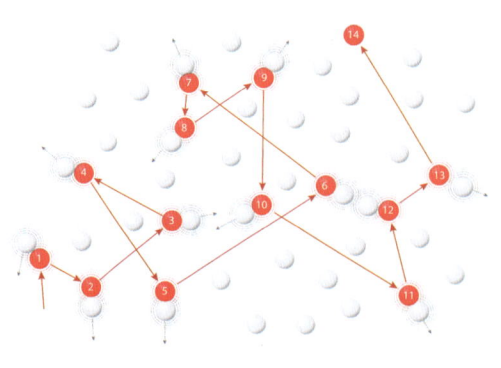
▲ 液体分子的无规则运动

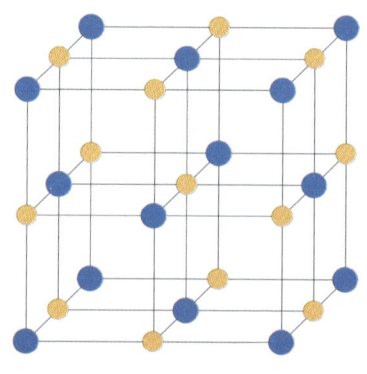
▲ 晶体结构

液晶显示屏的工作原理 观察一只电子表,比如图片上的这一只。如果凑近看,你会看见一些数字。它们是位于显示器这个"三明治"中间的线路。两块玻璃板组成这个"三明治"的外层,"三明治"的中间层就是含有液晶的线路。液晶在这里是"放松"的状态。在这一状态下,手表内部发出的光会经过玻璃板反射出去。

如果电流经过液晶线路,液晶中的微粒会带电并改变原来的运动方向。只要有一个微小电流经过,光就不能透过玻璃板反射出去。换句话说,液晶线路中的这一部分看上去就是黑的。

▲ 电子表的显示屏是通过液晶显示屏技术来实现的。小图是液晶显示屏中一个发光二极管在显微镜下放大后的图像。

这个原理看起来十分简单,对吧?这也是现在液晶显示屏技术如此流行的原因。液晶显示屏是常见的显示屏技术,因为它可以把屏幕做得细薄、轻便和高效节能。下一代液晶显示屏技术或许还会更加轻便、灵活,甚至在未来几年后,可能会出现像纸一样可以卷起来的液晶屏。

地学写作

绘图 研究液晶显示屏的分层结构,并通过一幅画来表示各层之间是如何相互作用的。

37

地球科学与社会

水的世界

人类有基本的生理需求，包括呼吸、进食、调节体温、排出身体代谢物、睡眠以及摄入洁净的水。人类需要干净的水来饮用、清洁、烹饪和排出代谢物等。

▲ 水约占人体的70%。

全球问题 几乎每个洲都有缺乏安全饮用水的地区。发展中国家的农村地区和人口密集的城市地区经常有安全饮用水供应不足的情况。尽管水这种自然资源在全球而言可能供应充足，但它的分布并不均匀。此外，自然产生的污染物和人类产生的污染物都会危害供水安全。

安全的水 世界卫生组织（WHO）将安全饮用水定义为使用地距离水源地不到1 km，每个家庭成员每天能够保证获得20 L的水，并且水中的微生物和污染物水平符合国家标准。

▲ 水污染已经成为发达国家和发展中国家面临的共同问题。这个海滩因为水质欠佳而关闭了。

健康问题　在发展中国家，儿童患与水有关的疾病的风险最大。在世界范围内，每天有超过 4 000 名 5 岁以下的儿童死于这类疾病。受污染的水源带来的最常见的健康问题是腹泻和肠道寄生虫。

腹泻是由不安全饮用水中的细菌引起的一种常见病。如果没有得到正确治疗，腹泻可能会导致严重脱水甚至死亡，特别是对儿童来说，腹泻引起的后果会更严重。在发达国家，腹泻的儿童通常能接受到必要的治疗。然而在发展中国家，每年有将近 150 万名儿童死于腹泻。

受污染的水带来的另一问题是肠道寄生虫，这个问题特别是对儿童来说，危害更大。寄生在宿主肠道中的寄生虫会导致人体营养不良、贫血或其他疾病。

全球性解决方案　水是人类最基本的需求，未能充分满足全球水需求已被联合国公认为 20 世纪最大的失败之一。未来，通过全球努力与合作，有希望能让每个人都可以获得安全的饮用水和适当的卫生设施。

地学写作

手册　每年的 3 月 22 日是世界水日。请你制作一本手册，解释为什么需要这样一个节日以及为什么更多的人应该了解这个节日。

 # 地球科学与技术

太空时代：技术重塑现代农业

很久以前，农民借助自己的双手，少量的工具，牛等大型动物进行耕种。从那时起，技术便已经开始改变农民的工作方式。在美国，农业已经成为数十亿美元的产业，部分原因是由于美国发展的精准农业。

精准农业 精准农业也称为特定地点的耕作，是指在农田的特定区域实施特殊的耕作方式。

一片农场的土地可能有很大的差别。不同地区的土壤肥力可能不同，有些地区的土壤相比之下更容易保存水分。不同地区的地形也可能会有所差异。过去，农民根据一块土地的平均情况决定种植、施肥、灌溉和使用的农药。这种耕作方式可能导致这块土地的某些区域施肥过量，而有些区域则肥力不足。精准农业能让农民认识整片农场土地的差异，这有助于提高作物产量、减少浪费和保护自然资源。精准农业需要依靠地理信息系统（GIS）和全球定位系统（GPS）这两种技术。

▲ 卫星可以提供精确的位置信息。

GIS 制图 地理信息系统帮助农民将许多关于农场的信息绘制到计算机地图上。他们可以记录农场中容易发生病虫害的区域，或海拔有变化的区域，再通过将农场的卫星影像与自身观察相结合，更好地从事农业生产。此外，计算机程序可以整合所有信息并创建 GIS 地图图层。用这些图层创建的农场地图，可以帮助农民规划作物的种植方式，确定化肥或除草剂的使用范围。

GPS 导航 地球轨道上的卫星系统不断地将信号传送到地球表面，用 GPS 接收器这种专业设备可以接收这些卫星的信号。将这些信号应用到 GIS 地图后，可以立即计算出地物的精确位置。这项技术在许多领域都有广泛应用，误差甚至已经精确到几厘米。利用全球定位系统，农民可以设置拖拉机的直线耕作路线，还能准确知道某农场的土壤需要使用多少肥料。

地学写作

日志 写一篇关于农场运营的日志，该农场所有的拖拉机都是远程操作的。描述你可能用到的系统以及它们的工作原理。

生物学前沿

比天然糖还甜的物质

为什么人们常喜欢将甜品放在舌尖上?这是因为此处的味蕾对甜味的感知最强。你舌头上的一个个小突起就包含这些味蕾。

感知甜味 当你在吃甜食的时候,甜食中的分子就暂时地同舌尖上细胞的受体蛋白相结合,然后受体细胞发出电信号并通过神经传至大脑,大脑将这种信号翻译成味觉,而这种味觉就是甜味。

天然和人造 将甜味物质加进食物中,就会让食物变甜。糖和蜂蜜等都是天然的甜味物质。人造的甜味物质同糖的味觉效果相似,甚至"青出于蓝而胜于蓝"。

▲ 你舌头上的味蕾将刺激传递给大脑,使得大脑能够感知食物和饮品的味道。

人造糖的分子组成和结构同天然糖相类似，也能同味蕾细胞上的受体蛋白相结合。一种被称作三氯蔗糖的人造糖，同蔗糖具有非常相似的化学结构，唯一的区别是蔗糖的3个羟基（—OH）在三氯蔗糖中被3个氯原子取代，这使得人体的代谢受阻而不会提供额外的能量。

　　从食用苏打到儿童药物，形形色色的产品中都可能含有人造糖，这些人造糖能够提供人们所渴望的甜味，但不会像天然糖类那样富含能量。科学家们还在研发新产品，旨在给食用者提供更经济健康的糖。

▲ 蔗糖和三氯蔗糖之间的区别是3个氯原子取代了3个羟基。

科技写作

市场活动　调查一种已经受食品检验机构认证的人造糖，规划一场关于该糖的市场活动并通知顾客。你的活动途径可以是新闻发布、商业视频或音频、网络广告、社交网点或其他传递信息的途径。

生物与社会

转基因植物

▲ 这些转基因的贝尔柑橘收获之后,将在美国各地出售。贝尔柑橘是普通柑橘和葡萄柚的杂交品种。

你早餐时吃过玉米片、全麦吐司或喝过橙汁吗?如果你是从大型超市买的这些食品,那你吃到转基因食品的可能性就会很大。几个世纪以来,人们通过选择育种来改变植物的遗传特征。直到最近,科学家才通过基因工程改变植物的基因组成。

什么是转基因植物? 在基因工程出现之前,人们进行选择育种。例如,如果有真菌感染了玉米作物,农民就会收集那些未被感染的植株的种子。如果农民一直挑选那些未被真菌感染的植物种子,那么经过一段时间之后,就能培育出抗菌性玉米。

近年来,科学家进行种内基因转移使植物发生变化。他们把抗虫及抗病的基因从一棵植株转移到同种植物的其他植株。一般来说,进行种内基因转移的植物食用起来很安全。1994年，科学家研发出不会过早变软的番茄，自此，第一种转基因食物问世。

其他转基因植物包括玉米、大豆、棉花、小麦、大米、苹果葡萄（苹果和葡萄的杂交品种）和杏李（杏和李子的杂交品种）等。

有何好处与风险？ 研发或使用转基因植物有好处，但也存在风险。好处包括提高营养价值和作物产量，延长保质期，抵抗除草剂、病毒和真菌等。转基因作物不利的一面在于其易于与多种近缘植物进行异花授粉从而造成基因污染。

尽管转基因植物有多种好处，但许多政治、社会以及经济上的因素还是会影响我们种植植物的方式。全方位地深入考虑这些问题是十分重要的。

生物学中的辩论

辩论 种间转基因植物是否应该无限制地继续研发下去？进行调查研究，提出论点，支持自己选择的一方，并对对方的观点进行反驳。

野外调查

古生物学家关于鸟类进化过程的争论

职业：古生物学家

1.3亿年前，在中国东北部，火山爆发结束了数百万生物体的生命。火山灰埋葬了恐龙、哺乳动物、鱼类、昆虫和两栖动物等。被埋葬了数千万年以后，它们的遗体变成了化石，偶尔留下了羽毛、皮毛，甚至是胃内容物的痕迹！现今，在中国辽宁省这一化石资源丰富的地区，古生物学家有了关于白垩纪早期生命的重大发现。

一只身披羽毛的恐龙 类似于图中邹氏尾羽龙化石标本中的生物引起了古生物学家们极大的兴趣。在邹氏尾羽龙化石中，这头长达

▼ 邹氏尾羽龙化石是一块重要的化石，表明某些恐龙有羽毛。

1 m的恐龙从头到尾都有羽毛附着的清晰痕迹。这些羽毛可能不是用于飞行，而是为双足奔跑提供更好的稳定性。

一只早期的鸟　1.3亿年前的鸟类新物种——杜氏孔子鸟的化石与邹氏尾羽龙化石在同一地区被发现。杜氏孔子鸟是一种发育良好的树栖鸟类。杜氏孔子鸟与邹氏尾羽龙几乎生活在同一时期——距今1.2亿～1.5亿年。杜氏孔子鸟与邹氏尾羽龙在同一区域的共存，为祖先种与衍生种的共存提供了实例。

链接历史　古生物学家通常通过分析化石证据来建立不同生物体之间的联系。古生物学家一致认为，鸟类与恐龙之间存在进化上的联系。它们具有很多共同的解剖学特征，包括薄壁骨、灵活的腕关节、爪型手、锁骨融合成叉骨等。古生物学家一致认为，鸟类起源于恐龙，但他们对分化发生的时期一直存在争议。在中国发现的化石，为解决争议提供了证据，能帮助人类更好地理解鸟类的进化过程。

▲ 古生物学家在发掘生物化石

与生物学相关的职业

采访古生物学家

与你的同学一起制作一个采访提纲，把你想问的问题列在其中，对大学的古生物学家进行采访。将你搜集到的信息写成一篇文章，讲一讲你通过与古生物学家交流学到的东西。

生物大发现

是一个新物种，还是患病的现代人？

2003年，科学家在印度尼西亚弗洛斯岛的一个山洞里发现了一具骨骼的局部以及六具骨骼的碎片。科学家们把他们叫作霍比特人，他们身材比较矮小，身高约1米，头很小，有同黑猩猩一样大的大脑。测试表明，这些遗骸的历史已有1.3万～9.5万年。

这些发现引起了科学界巨大的争论。一些科学家根据他们的发现，声称霍比特人是智人或现代人，生存条件导致他们身材矮小。另

▲ 科学家在弗洛斯岛上的一个叫良宝的山洞寻找化石。

一些科学家坚持认为，他们是一个新的物种——弗洛勒斯人。双方都在用科学的方法揭开真相。他们对数据的不同解读是科学合作过程中的一部分。

患病的现代人？ 怀疑"新物种假说"的科学家提出了几个假说来解释霍比特人的身体特征及其他特征。一些人认为，霍比特人是患了小头畸形症的俾格米人。那是一种罕见的病症，有时是遗传性神经紊乱导致头部小于正常人。科学家猜测，这种小型人类的甲状腺机能减退。

一个新物种？ 大多数科学家支持霍比特人是新物种——弗洛勒斯人的假说。他们由人类的前身——直立人进化而来。然而，一些人认为霍比特人由更早的能人进化而来。科学家认为，能人曾经在弗洛勒斯岛上进化成了侏儒。

结构的区别 两组科学家都利用骨骼碎片提供的结构数据（包括颅骨、腕骨、脚和肩膀）来支持自己的观点。随着更多化石证据的发现和研究，拼图上的碎片也在不断增加。

▲ 骨骼化石

科技写作

同行评审 研究弗洛斯岛上发现的有争议的化石，以研究者的身份写一篇文章，包括假说、证据和结论。把你的文章和同学分享，进行同行评审。

生物学领域

硅藻——有生命的硅片

职业：纳米科技专家

硅藻近来得到了纳米科技专家——在原子层面设计装置的科学家的关注。硅藻能以不可思议的精准性和规则搭建出复杂的壳。纳米科技专家认为，硅藻可以在原子层面利用硅元素构建有用的结构。

自然界的纳米科技专家 人类仍然需要通过硅藻学习很多关于在纳米层面构筑材料的知识和技术。当前，纳米科技专家在硅和其他材料上通过蚀刻来制造构件。这个过程费钱费时，还会产生化工废物。

硅藻

有生命的硅片 硅藻被描述为有生命的硅片，是因为它们能够一个原子一个原子地构建它们的壳。从海水中获得的硅被加工成为复杂的微观结构，并形成一个精密的硅壳，就像照片中所示的一样。每一种硅藻都能形成一个独一无二的并可能有用的壳。

为了从硅藻处获取纳米材料，科学家准备了带有硅和其他元素的营养液。硅藻摄入这些元素并利用它们构建自己的壳。当硅藻使用这些元素（如镁或钛）来替换硅原子构建它的壳时，一个结构上完整无缺的、有着理想形状和化学组成的单位就被制造出来了。目前，科学家正试图利用硅藻壳的模式作为模板来构建具有特殊用途的构件，但其中的许多模式还不能用纳米科技复制出来。

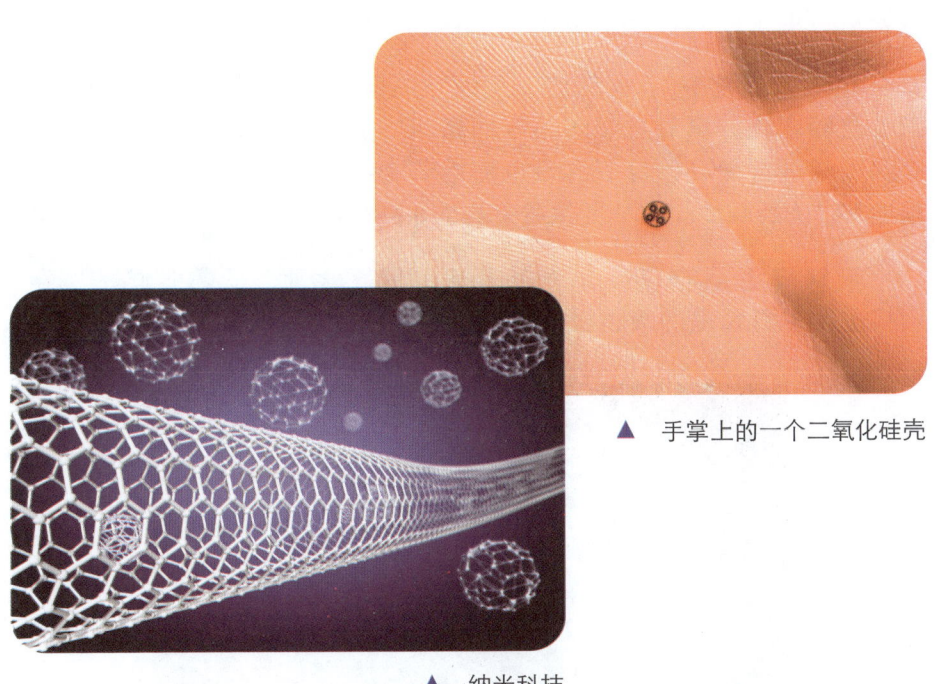

▲ 手掌上的一个二氧化硅壳

▲ 纳米科技

科技写作

报纸文章 未来，全世界对于纳米技术领域工作人员的需求将达到上百万，写一则关于纳米技术特殊职业的招聘广告。

地球科学与环境

臭氧变化

平流层中的氯原子和溴原子会破坏臭氧分子。自20世纪80年代初以来，平流层臭氧含量下降的趋势到现在终于出现了好转的迹象，这可能主要归功于平流层中氯含量的减少。

臭氧含量变化 地表上方的大气中，臭氧的总量随着位置和时间的变化而变化。臭氧总量随纬度增高而增加，在赤道地区含量低，在高纬度地区含量高。臭氧含量也随季节变化，从冬天至夏天，臭氧含量通常在不断减少。季节变化最大的是在高纬度地区，特别是极地地区。

南极臭氧层空洞 在南极上空，臭氧含量最低的时候是早春。南极上空臭氧含量的减少被称作南极臭氧层空洞。

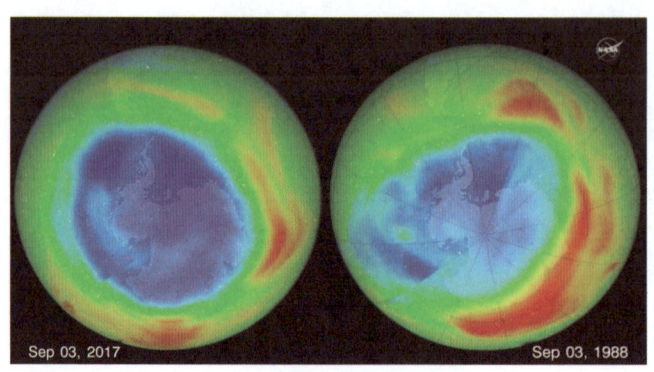

▲ 南极上空的臭氧空洞。

引发南极臭氧层空洞的主要原因是氟氯烃（CFCs）和极地平流层云（PSCs）。这种云在南极冬季上空较低的平流层中形成。氟氯烃分解后，产生游离的氯原子。这些氯原子与极地平流层云中的冰晶发生化学反应，从而破坏臭氧层。

《蒙特利尔条约》

20世纪70年代末开始的卫星探测显示,全球臭氧含量在降低。这引起了国际社会对臭氧层的关注。在1987年,《蒙特利尔条约》正式通过。这项国际条约要求各个国家逐步停止生产和使用含氟氯烃和相似化学物质的产品。其结果是,从20世纪90年代末开始,平流层中的氯和其他破坏臭氧的化学物质的含量逐渐降低,如图所示。

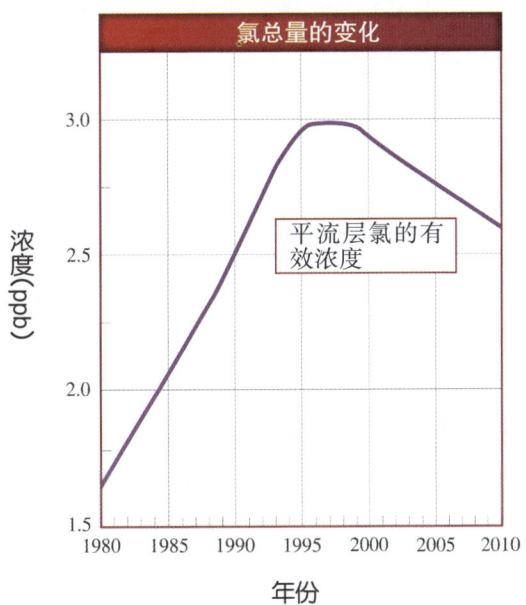

好转的迹象

1996年起,多数地区臭氧总量的下降趋势呈平稳状态,在某些地区,臭氧层甚至出现好转的早期迹象。这种好转可能是由于《蒙特利尔条约》的有效限制,也可能是大气风场类型改变和太阳活动变化导致的自然现象。为了保证臭氧层持续地恢复,未来还需要对臭氧层进行更精确地监测。

地学写作

期刊论文 调查火山爆发、太阳活动和大气运动等自然过程对平流层臭氧含量的影响。写一篇期刊论文汇报你的调查成果。

探险现场

风暴观测员

当极端天气来临,风暴观测员会像大多数人一样,在家中寻找安全的地方或去地下室躲藏起来吗?不,他们会去城镇的边缘或到一个制高点观测风和天气的具体情况。

美国国家气象局的志愿者 风暴观测员作为美国国家气象局的志愿者,为国家气象局提供地面情况的准确信息。尽管有多普勒雷达和其他一些专业的数据采集仪器,但是这些设备只能探测到可能产生剧烈风暴或龙卷风的天气条件。国家气象局一般利用这些信息监测剧烈风暴或龙卷风。当监测开始时,观测员们会分别前往各个主要的观测站汇报他们的观测情况。这些由风暴观测员们收集到的地面观测信息能帮助国家气象局提高监测质量,并及时做出预警。

▲ 正在监测飓风的科学家们。

制作报告 国家气象局会对观测员进行一些天气状况观测方面的培训,如观测风速、冰雹大小和云的形成等。例如,当较大的树枝开始摇摆,雨伞难以支撑,以及风吹过电话线会发出口哨般的声音时,观测员知道此时的风速在40~50 km/h。如果树木被连根拔起,风速就可能达到85~115 km/h。

观测员还能通过研究云层来确定哪里正在下冰雹,哪里可能发育龙卷风,以及风暴前进的方向。他们工作时,需要汇报观测到的天气事件,包括其发生的位置、方向以及是否需要紧急援助。

高风险 观测员冒着生命危险工作，是为了保护家园。他们面临的主要危险之一是，在恶劣的天气里，他们要驾驶汽车以及站在闪电容易击中的制高点工作。观测员们一般都会结伴而行，这样可以一个人驾驶汽车，另一个人进行气象观测。为了安全起见，观测员需要观察四面八方的情况，保持汽车发动机发动状态，并设计好逃生方案。

▶ 风暴观测员在特制的装甲车中研究内布拉斯加州卡尼地区的剧烈风暴。

自20世纪70年代国家气象局志愿者系统投入使用以来，通过现代技术和观测员的实地工作相结合，这个项目挽救了许多人的生命，由龙卷风和其他极端天气造成的死亡人数明显减少。

地学写作

制作宣传册 调查更多有关如何成为风暴观测员及其相关培训的信息。利用这些信息制作一个关于风暴观测员的宣传册。

地球科学与技术

钻探过去

科学家们利用海底的岩芯样品收集关于地球历史的数据。他们从过去的气候变化中找到线索,并为预测未来的气候变化提供依据。

科学钻探 "乔迪斯·决心号"是地球深层取样联合海洋机构为了在地球深层取样而设计的科学钻井船。船上的科学家通过海底沉积物、化石和岩石中的记录来探究地球的历史。船上的车载钻机能在海底打 10 m 深的钻孔,为地球历史上的环境和气候变化提供资料。

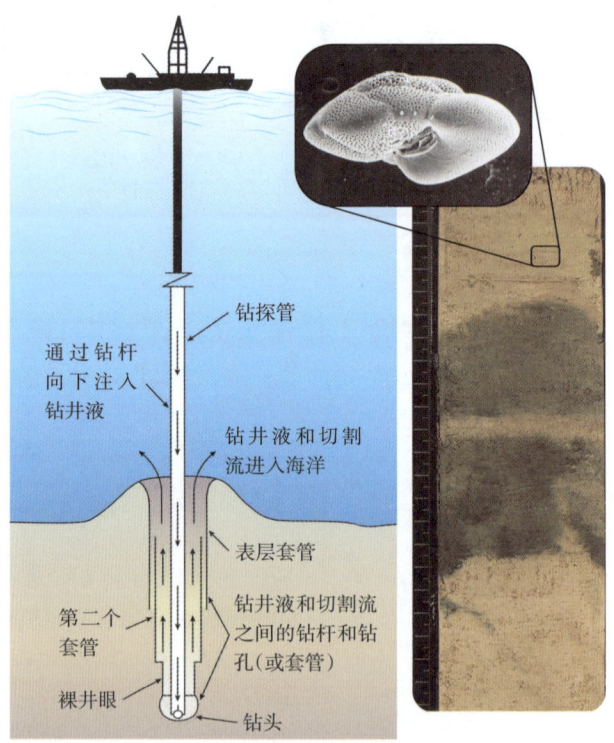

▲ "乔迪斯·决心号"利用一根钻探管从洋底提取岩芯。岩芯里面可能包含微化石,如上图中放大后的有孔虫。有孔虫化石能为揭示地球过去的历史提供线索。

沉积物钻孔和微化石　"决心号"上的科学家利用旋转钻头穿透洋底，用钻探管钻取岩芯样品，一定要注意的是，不能搅动沉积物，以免破坏岩芯中的岩层序列。每个岩层中都有尘埃颗粒、矿物，有的还含孢粉，这些都能提供当时沉积环境的相关信息。许多岩层中还含有当时生活在海洋里的有机体的化石。

深海沉积物钻孔中，最常分析的化石是微化石，比如像有孔虫类形成的微化石。有孔虫是单细胞生物，几乎所有海洋沉积物中都含有孔虫。它们是指示过去气候和环境的良好证据。有孔虫能形成含碳酸钙的贝壳。当它们渐渐长大后，会吸收水中的氧气进入贝壳。通过测定有孔虫化石中两种氧同位素的比例，科学家们就能估测当时的水温，从而推测出当时的气候条件。

来自过去的证据　利用海底岩芯样品，不仅能够研究过去的气候条件，还能研究海平面、动植物分布、洋流、风场以及板块运动的变化。"决心号"上的国际专家组为了进一步了解地球，一直在世界范围内考察。他们通过在洋底钻孔和取样，来分析和监控地球的变化趋势。

地学写作

调查报告　查找"决心号"最近一次的科考资料。做一个海报或者报告，介绍"决心号"考察了哪些地方以及此次科考的目的。

地球科学与社会

天气预报——在混沌中寻找精确

在新泽西州的一个雨夜,发生了一桩悲剧。4个少年外出踢足球,他们刚开始玩耍时,云层就逐渐变厚,天色变得暗沉。不久,电闪雷鸣,少年们决定先离开球场。正当他们走出球场时,突然,一道闪电击中了他们。两个少年于几小时后在医院里因抢救无效死亡。这次事件震惊到了人们,因为天气预报里根本没有预测到这场风暴。为什么天气预报不能更准确些呢?

混沌和天气系统　1963年,气象学家爱德华·洛伦兹第一次发表了混沌理论,并描述了在最开始的阶段,各个天气系统都是相互独立的,最初测量工具的精确性对预期结果有着呈指数关系的影响。

洛伦兹在气象杂志上发表混沌理论的几年后,其他科学家逐渐认识到这个理论的重要性。洛伦兹建立的简易方程式为现代天气预报奠定了基础。

开始预报　天气预报开始于观测。从各种来源采集到的数据被录入已经建立了大气层数学模型的超级计算机中。在美国,国家气象局

▲ 天气预报所需要的数据采集自大气圈。

管理着这些计算机，并向地方和国家的气象预报员们公布这些数据。

气象学家们普遍认为，就目前来说，比较有用的每日天气预报只限于5天之内，准确的每日天气预报要延长到6至7天是不太可能的。

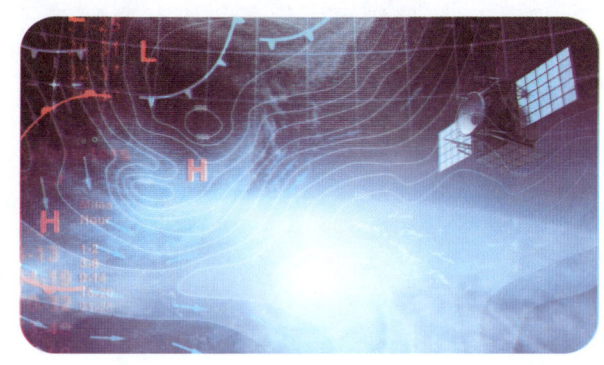
▲ 天气预报离不开卫星。

气象学家希望，通过提高测量仪器的准确性，发展和完善计算机技术和天气模型，使可靠的每日天气预报的周期延长至3周左右。

长期预报的局限性 气象学家发现，未来一周后的每日天气预报是不可靠的。他们比较当前与过去的天气模式和全球海洋温度后，得出长期预报，确定温度和降水与正常年份相比可能会更高还是更低。国家气象局气象预报中心和其他组织会提供这些指标的月度和季度周期内的预测值。

地学写作

评估 通过报纸或其他媒体获取接下来7天的天气预报。记录你所在城市在下一周的温度和天气情况，并将预报的天气与你后续观测到的天气作比较。写一篇总结并将你的报告分享给全班同学。

探险现场

探索深海海底

有一系列装置可以用于收集深海海底数据，如载人潜水器、全自动机器人，以及远程操作装置。海洋学家利用这些装置来研究深海的地形、生物和化学特征。

潜水器 "阿尔文号"潜水器是世界上广泛使用的几种深海载人潜水器之一。"阿尔文号"下潜海底需要两个小时，返回海面也需要两个小时。顶着数以千吨水的强大压力，同时还有深海的黑暗与寒冷，科学家在海底有四个小时的时间来接收信息，采集海水、沉积物以及生物样本。在1977年，科学家利用"阿尔文号"首次看到了深海热泉，这对于地质学家和生物学家来说，都是一项重大的发现。

▲ 中国的"蛟龙号"载人潜水器。

▲ "阿尔文号"是一个用于研究深海热泉和其他深海特征的载人潜水器。

水下自动装置　水下自动装置（ABE）长两米，重500多千克。好在有电脑系统控制，能使得这个笨重的装置潜入深海海沟和深达5 000 m的海底山附近。水下自动装置能够脱离驾驶员、船只与潜水器独立活动。它已经完成了150多次深海海底的潜水任务，包括录制深海环境视频和采集水温、水样。

远程操作装置　Jason/Medea是一个可以收集深达6 000 m的海底数据的远程操作装置（ROV）。ROV部署在轮船上，与ABE不同的是，它需要一个驾驶员（工程师或者潜水员）在船上操控它。2006年，Jason/Medea探索了西太平洋马里亚纳海沟附近的海域，并收集了活火山和火山口附近的水体化学数据。在2009年，科学家操控Jason/Medea录制了距太平洋表层1 200 m的深海火山爆发视频，这也是人类看到的首个海底火山爆发的现场画面。

地学写作

时间轴　搜集更多有关深海载人潜水器探索海底的历史信息。画出可以展示该领域重要技术革新的时间轴。

生物学前沿

探索纳米技术

想象一下，癌细胞能够一个一个地被检测和破坏，又或者通过单个细胞即可判断某种药物的临床效果，科技的进步使得科学家开始聚焦单个细胞。以上的情形在不久的将来会成为现实。

纳米技术是在纳米层面上发展和运用一些设备的科学分支，1纳米是10^{-9}米，人类的细胞直径一般在10000～20000纳米之间。纳米技术是一种快速发展的科学分支，很快就会被应用到电子、药品等各个行业。

原子力显微镜　科学家利用纳米技术制成了一种原子力显微镜（简称AFM），它可以在单个细胞上进行操作，事实上就如同"纳米针"。先利用微观传感器扫描细胞，形成一个视觉图像，然后其针尖直径约为200纳米的探针可刺入细胞而不会破坏质膜。

一些科学家根据这种技术预想到了很多应用。纳米针可以帮助科学家研究细胞如何应答一种新的药物，研究疾病细胞和健康细胞在化学成分上的区别。此外，纳米针可以进入细胞核并插入到DNA上，成为新的基因诊断技术，能够修改基因的错配。

▲ 原子力显微镜

激光 在纳米诊断中,纳米技术能够被用来研究细胞是如何运转的,也可以研究在不损坏相邻健康细胞的同时破坏单个癌细胞。哈佛大学的研究人员发明的激光技术可以对细胞内的一种成分进行操作,但是不会破坏质膜和其他细胞结构。这不是天方夜谭,人类已经具备了在细胞水平上精细治疗的能力!

将来,纳米技术可能是治疗癌症的一线治疗手段,也有可能成为检测药物和用于基因治疗的标准技术!

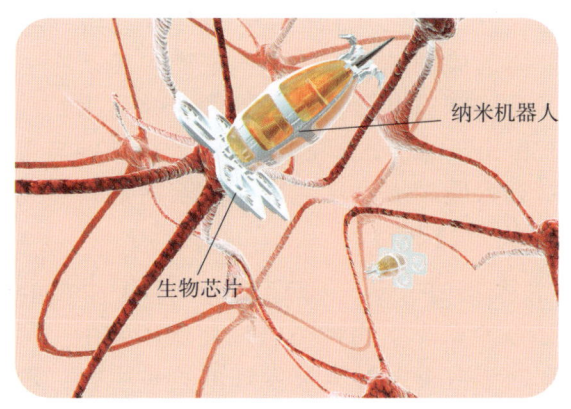

▲ 这张计算机产生的图像展示了一个携带生物芯片的纳米机器人,有一天,这种电子设备即生物芯片能够携带有机药物,修复一些损伤的神经细胞。

科技写作

写一篇与医疗和健康相关的科技综述。描述其优点和挑战以及你的展望。

生物与社会

美丽而濒危：珊瑚礁

珊瑚礁点缀着全世界的海岸，覆盖了大约28.4万平方千米的土地。人们为美丽精致的珊瑚以及栖息在珊瑚生态系统中的种群所着迷。讽刺的是，人类的行为却使珊瑚礁陷入了濒危状态。

什么是珊瑚礁？ 数以万计的珊瑚虫聚集在一起形成珊瑚。不是所有的珊瑚都会形成珊瑚礁，但是当珊瑚虫附着在岩石上时，珊瑚礁就逐渐形成了。珊瑚通过分泌碳酸钙外骨骼将水螅固定住。当珊瑚虫死去，外骨骼保留下来，珊瑚礁就形成了。珊瑚与虫黄藻之间是共生关系。这些藻类为珊瑚提供从光合作用获得的营养物质，同时它们也利用珊瑚生成的二氧化碳。

为什么珊瑚礁很重要？ 珊瑚礁是世界上丰富的生态系统的组成部分。大约25％的海洋生物种类居住在珊瑚礁中。另外，科学家预计，珊瑚礁还有助于数百万种未被发现的物种生存。珊瑚礁的生物多样性是珍贵且无可替代的。

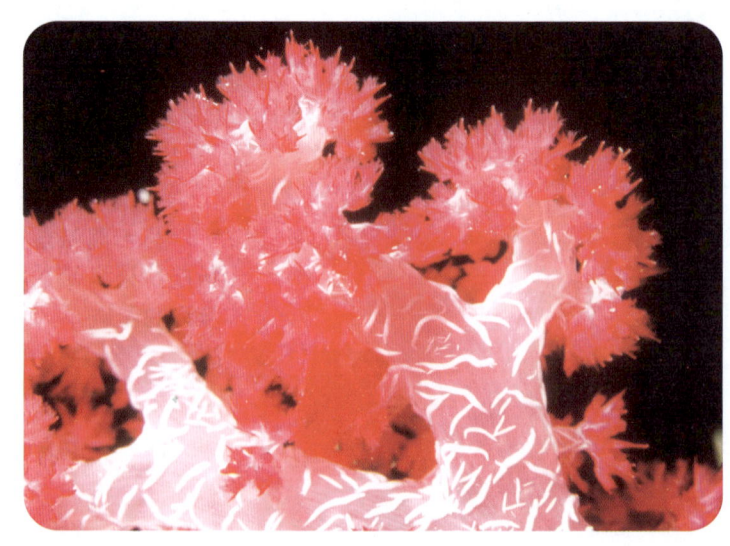

▶ 这个健康的珊瑚礁丝毫没有显现出任何白化、患病或者被污染的痕迹。

珊瑚礁正在发生什么？ 珊瑚礁正面临着自然威胁，包括极端天气状况和捕食。许多珊瑚礁的危机更多来自人类活动，比如，使用炸药或者毒药的捕鱼方式。一些被污染的水体促进了有害藻类的生长，使珊瑚死亡。潜水和浮潜等活动也会破坏珊瑚礁。比如，一些潜水者或浮潜者会折下珊瑚礁的一部分作为纪念品。还有一些潜水者收集活珊瑚卖给水族馆使用。

有时候，珊瑚受很大的刺激后，就会失去与它们共生的藻类。这种现象就是众所周知的"白化现象"。在这种现象中，受刺激的珊瑚失去了亮丽的颜色而变白了。科学家到现在为止还没有完全弄清楚为什么珊瑚会出现白化现象。

他们认为其中的一个主要原因可能是海洋温度的上升。其他一些可能的因素包括污染、细菌、太阳辐射和盐分的变化。没有共生藻类的珊瑚礁更容易生病，如果共生藻类不被替代，它们就会死亡。

视觉传播

制作一部短片 和你的同班同学一起做一个研究，看看我们可以做哪些努力来阻止珊瑚礁死亡。写一部关于珊瑚礁的短片的脚本，包括珊瑚礁是什么，它们为什么身处危险中，以及人们可以做些什么来帮助它们。短片可以包括照片、地图等视觉元素。

野外调查

寻找巨型鱿鱼

职业：海洋生物学家

几百年来，水手一直在讲述着海上航行时遇到可怕怪物的故事。现在，科学家证实两种类型的鱿鱼可能是存在于老水手所讲故事中的动物，那就是巨型鱿鱼（大王鱿鱼）和大王酸浆鱿，它们很难被发现，因为它们生活在极深的海域中。科学家研究的大多数种类都是被冲到岸边或被深海渔网捕捉到的物种。

海洋生物学家斯蒂文·奥谢发现了 12.8 m 长的巨型鱿鱼。巨型鱿鱼被认为是世界上最大的无脊椎动物。大王酸浆鱿的身体比巨型鱿鱼短，但是更宽。这两种鱿鱼都有八只手臂和两条触须，上面覆盖着用来捕食的吸盘圈和钩。

▲ 这张图是日本科学家在 2006 年拍摄的，图片显示了一只巨型鱿鱼被一艘研究船拖着前行的场景。

在2000～2001年的一次科学考察中,奥谢曾航行至新西兰的南岛附近。他去那里是为了寻找长约9～13 mm的幼年巨型鱿鱼。他打算饲养巨型鱿鱼来研究其生命周期。尽管他捕捉到了几只幼年巨型鱿鱼,但是都没有存活下来。

其他科学家在研究巨型鱿鱼时取得了突破性的进展。2004年9月,两位日本科学家驾驶着一艘船跟着一群抹香鲸来到了位于东京东南方向960 km的海域处。众所周知,抹香鲸是巨型鱿鱼的捕食者。窪寺恒己和森恭一这两位科学家往海里撒了一条带饵的鱼线,然后就在那里等候。

当一只巨型鱿鱼咬钩时,他们升起了鱼线并拍下了正挣扎着想挣脱的巨型鱿鱼。这只7.6 m长的鱿鱼最终挣脱逃走了。但是它留下了一只触须,科学家之后对其进行了研究。

随着奥谢、窪寺恒己等科学家不断地搜寻并研究巨型鱿鱼和大王酸浆鱿,他们可能会为我们带来更多关于这些动物的知识。这些新的知识将会把这些动物从神话的王国带到科学探究的聚光灯下。

视觉传播

制作一个模型 研究巨型鱿鱼或大王酸浆鱿的身体结构。制作一个模型来精确地模拟它们的捕食结构和身体比例。向全班同学展示你的模型。

生物大发现

探索物种间病毒的传播

当你在寒冷的冬天流鼻涕时，想过病毒来源于哪里吗？一些病毒只在人类的周围存在，而另一些病毒可以从动物传播给人。有时候，动物和人类能够感染同种病毒，但是有些病毒需要通过改变基因才能从动物传染给人。

H1N1 2009年春天，一种最初被称为"猪流感"的病毒开始席卷全球。之后，科学家们发现这种病毒在此之前就从猪传播给了人，这种病毒叫作新型H1N1甲型流感病毒。因为这种病毒包含两个猪流感病毒基因、一个禽流感病毒基因和一个人流感病毒基因，所以被科学家称为多重基因病毒。

▲ 科学家在黑猩猩身上追踪HIV和埃博拉病毒。

HIV 人们最熟悉的且最有可能由动物传播给人类的病毒是HIV，这种病毒会导致艾滋病。HIV通过破坏白细胞来攻击人的免疫系统。19世纪末，科学家发现M族HIV-1主要的病毒株从黑猩猩的亚种传播给喀麦隆（非洲中西部的一个国家）人。科学家猜测，第一个感染者是猎杀黑猩猩的人，那些被猎杀的黑猩猩的血液进入猎人体内，有效地传播了HIV-1。

埃博拉病毒 埃博拉出血热由埃博拉病毒引发，这种病十分常见且致命。人类、黑猩猩、大猩猩和猴子都会感染这类病毒的亚型病毒。虽然到目前为止科学家并不能确定埃博拉病毒的来源，但是他们认为非洲和菲律宾本地的动物携带该病毒，并且会传染给那些接触过受感染动物的人。

公共卫生监测 针对H1N1病毒的传播，科学家和公共卫生专家呼吁人们发起行动，大范围监测世界上猪群的健康状况。将来，为了减少出现流行病的可能性，由动物传播给人的其他病毒也要加强这种监测。

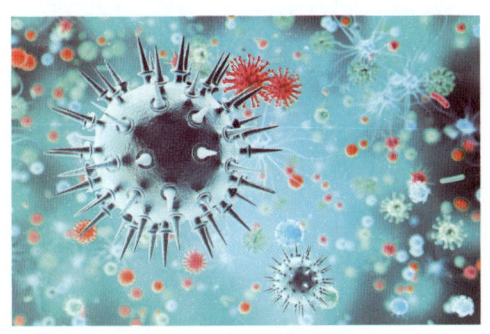

▲ H1N1病毒

与生物学相关的职业

采访流行病学家

写下几个关于以上病毒的问题和与流行病学家这一职业相关的问题。如果可能，向流行病学家提出这些问题。

生物学领域

证据就是花粉

职业：法医孢粉学家

法医孢粉学是一门比较新的学科，即在法律案件中使用花粉和孢子证据帮助警察破案。一位慢跑者在路上遭到袭击，被人拖到附近的树林中杀害了。警察提审关键嫌疑人，这个嫌疑人承认自己当时就在那片区域，但声称没有见过被杀害的慢跑者，也没有到过尸体所在的那片树林。他说的都是实话吗？

罪证 取自犯罪现场的土壤含有大量松树花粉和蕨类孢子。调查显示，附近并没有松树和蕨类植物生长。警察搜查了嫌疑人的住所，找到了嫌疑人在凶杀案发生时穿的衣服。法医孢粉学家通过检

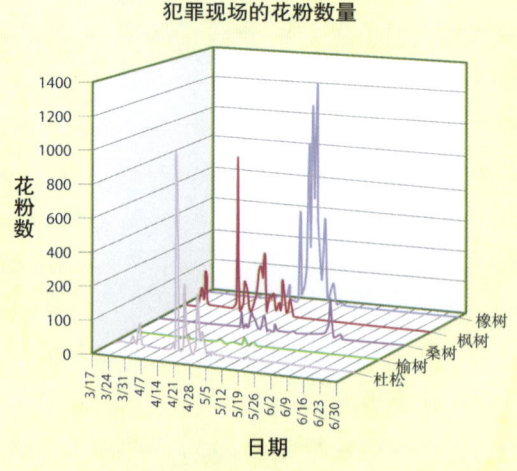

▲ 上图是犯罪现场的花粉数量图。它显示了在指定日期里哪一种花粉的数量最多。

测，在衣服上发现了跟犯罪现场一样的松树花粉和蕨类孢子。最终，嫌疑人被判定犯有谋杀罪。

孢粉学家在犯罪现场 警察可以在犯罪现场收集包括指纹在内的多种证据。那孢粉学家能收集指纹吗？从某个角度来说，是可以的。每一种种子植物的花粉粒都是独一无二的。它们就相当于植物的"指纹"，可以用来确认植物种类。此外，泥土、尘土中常常含有大量的花粉和孢子，可以利用纺织品的纤维进行过滤收集。花粉被风一吹，也会藏在头发中。

法医孢粉学 法医孢粉学研究植物花粉和孢子，能够帮助调查者缩小嫌疑人范围，它是一项非常重要的调查工具。法医孢粉学要求研究者必须具有丰富的知识背景，并接受严格的培训，在采集、保存样品时能保证样品不受污染。

▲ 孢粉学家

生物学中的数学

解释图表 仔细观察花粉数量图。如果案件发生在4月14日、5月12日或6月2日，你预计在嫌疑人的衣物上会找到哪种花粉？在你所在的社区进行调查，找出更多种类的花粉。

地球科学与环境

细菌数量与满月

你对去海滩玩已经期待良久。在炎热的太阳下,你终于到达沙滩,手里拿着毛巾和午餐,迫不及待想要快点跳进凉爽、消暑的海水中。当你走到海滩的入口处,却看到一个告示牌,上面写着"海滩关闭:水中有大量细菌"。

▲ 海滩因细菌超标而被关闭的告示。

水中的细菌 尽管海水中的大多数细菌对人类是无害的,但有一些细菌会引起人体胃肠疾病,导致游泳者出现腹泻、呕吐等症状。许多海滩都要对海水中一种名为肠球菌的细菌进行周期性测试,这种细菌通常寄生在哺乳动物和鸟类的肠道里。尽管肠球菌通常是无害的,但当海水中出现肠球菌时,通常是其他致病细菌出现的预兆。如果肠球菌的数量上升并超过某一水平,管理者出于安全考虑,会关闭海滩。

细菌数量与月相 科学家发现,海水中肠球菌数量变化与月相有关,如下页图所示。我们知道,大潮发生于新月和满月时期。在大潮期间,涨潮时潮水达到最高水位,而落潮时,潮水达到最低水位,此时,潮差最大。

在研究了南加利福尼亚沿岸的60个海滩之后,科学家在其中50个海滩都发现,大潮期间细菌的数量也最多。细菌数量较低时与小潮有关,通常发生在上弦月和下弦月期间。数据还显示,细菌在大潮的退潮期,也就是当海水达到最高点后回落的期间里,数量较多。

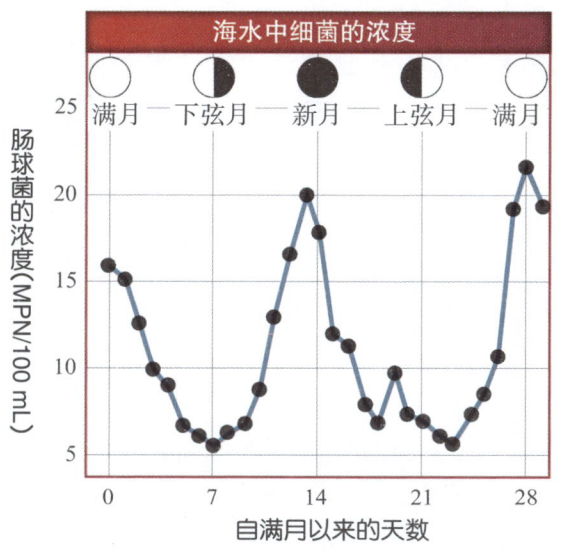

▲ 海水中细菌的数量随着月相而变化。

细菌可能的来源 科学家提出了几种假设来解释大潮时海水中细菌可能的来源。其中一种是，细菌在地下水中含量较高，而地下水只在大潮时与海水混合。另一种可能的来源是海滩中腐烂的有机物，或者是在高潮滩附近的鸟粪，这些都有可能在大潮涨潮时与海水混合。

地学写作

新闻广播 调查更多关于海水中细菌数量的信息。假设你是一位新闻评论员，准备在晚间新闻中报道关于海滩细菌含量的新闻。向全班汇报你的发现，解释关于细菌含量的科学研究结果，以及为什么这些信息对游泳者来说十分重要。

探险现场

夏威夷火山观测台

基拉韦厄火山是夏威夷岛上的盾状火山。根据美国地质调查局调查，它是世界上最活跃的火山之一，也是美国最危险的火山。科学家在附近的夏威夷火山观测台（HVO）监测基拉韦厄火山。这个观测台同时也是采集该火山及其附近研究样品的实验室。

▲ 夏威夷火山观测台是美国第一座火山观测台。

岩浆采集 设想一下，你站在温度高达 1 170 ℃ 的流动岩浆附近。为了得到温度数据或者采集样品，火山学家作业时必须忍受高温并且时刻留意脚下情况。他们所采集的样品带有余温，需要放置在装有水的密闭容器中进行迅速冷却，以防被周围的空气污染。为了保护自己，火山学家们穿着如图所示的特种装备。

▲ 火山学家总是戴着头盔、氧气面具，穿着抗热服装，带着攀爬设备和其他设备，这些设备可以在活火山这样危险的环境中保护他们。

地震活动性　火山底下的地震活动是附近即将发生火山喷发的前兆。监测地震的其中一种方法是勘察地震活动性。科学家在火山口及其附近放置地震计来监测地震活动。

气体样品　火山学家采集火山口释放的气体样品，在夏威夷火山观测台里分析其中二氧化硫和二氧化碳的含量。这两种气体含量的增加表明接下来可能会有一场火山喷发。

地面监测　科学家借助一种叫作电子测距仪（EDM）的工具来监测火山周围的地面和预测接下来的火山喷发。当岩浆涌至地表，地面可能会倾斜、下沉或者因为受压而膨胀。

火山学家在夏威夷火山观测台里不断记录、测试和分析数据，他们的研究成果在世界上处于领先水平。如果没有他们的辛勤付出，今天我们不可能对火山有这么多的了解。

地学写作

研究报告　研究火山学家用来预测火山喷发时间、规模与类型的方法。概述你的发现并与同学分享。

地球科学与技术

火星微环境

科学家们对地球过去的气候条件和地球早期生命的发展等历史一直抱有疑问，他们对火星也同样好奇。

火星上有生命吗？ 正如大家所知，高强度的辐射和没有液态水的火星表面不太可能存在生命。然而，越来越多的证据表明，在火星表面以下曾经有过液态水，甚至现在可能仍然存在。科学家们在研究与火星环境类似的地球上的微环境点，这些点分布在像热液喷口等环境中，这些地方生存着地球上最顽强的生命。

硅和甲烷 火星任务的理想着陆点有一些特殊要求，比如能方便地获取岩石样品、过去水的痕迹或者曾经的生物活动痕迹。火星勘测轨道飞行器拍摄的一个可行的着陆位置的照片显示，该处有一个明亮的土堆，这可能是一座火山上的硅沉积。在热液和蒸汽的作用下，硅可以被溶解、搬运和浓缩，而且它在火山上的位置类似于地球上热液喷口附近的硅沉积。

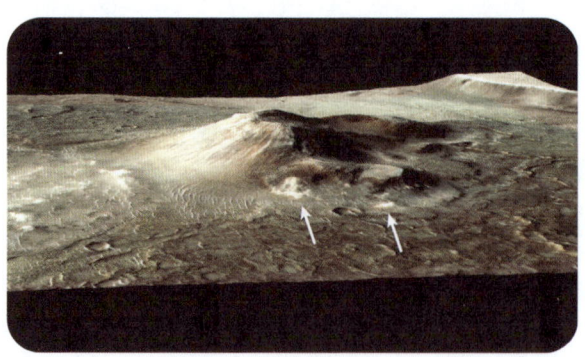

▲ 这张假彩色图像显示，尼里帕特拉火山口的火山锥上有色彩明亮的沉积物。科学家们认为这些沉积物可能是硅，这说明该地的环境曾经适合微生物生存。

另外一个可行的地点是一个已经探测到甲烷气体的地方。在火星上的夏季，夏威夷 W·M·凯克天文台的分光仪在三个明显的区域监测到了大量的甲烷气柱。地球大气层中的大部分甲烷都是由生物活动或者地质过程产生的，但对于火星上的甲烷从何而来，研究者们至今还没有充分的数据来解释。

好奇号 2012 年着陆的火星科学实验室，也称"好奇号"的火星探测器对火星过去或现在是否存在微生物进行了调查。它由放射性同位素热电发生器驱动，通过放射性衰变产生的热能发电。"好奇号"火星探测器能用激光击中 7 m 外的岩石。它的光谱分析仪能利用闪光来识别每一块岩石中包含的元素。当它穿过太空或者在火星上穿梭时，搭载的辐射评估装置会监测太空或者火星上的辐射水平，为以后的载人飞行任务提供重要信息。

▲ "好奇号"火星探测器

关于地球上生命体的极端生存环境研究，不断突破了我们对于生命体生存条件的认知。这些研究也为科学家们探索火星和太阳系其他地方的生命生存条件拓宽了思路。

地学写作

讨论 研究有关未来火星探索和数据收集的技术更新情况。将你的研究结果总结下来，并和同学讨论下列问题：为什么要采取措施阻止地球有机体对火星产生污染？

地球科学与社会

全球变暖对北极的影响

北极一些区域的气温在过去30年间上升了2 ℃，结果导致永久冻土融化、海冰变薄、房屋下陷、道路沉降、洪水和侵蚀现象开始增多。

永久冻土融化 阿拉斯加州85%的土地覆盖在永久冻土层上。永久冻土是一层温度低于0 ℃，在两年或更长时间里保持冰冻状态的土壤。最新的数据显示，北极地区任何一处永久冻土的温度都上升了0.5~2.0 ℃，这导致某些区域的冻土开始融化。在永久冻土融化的区域，地面下降达5 m，严重影响了道路、机场跑道、房屋和办公楼等建筑设施。有些建筑物，例如医院和学校，由于地面下沉的影响将无法继续使用；阿拉斯加州费尔班克斯的公路也需要经过昂贵的修复才能继续通行。

▲ 全球变暖，北极海冰融化，北极熊的生存空间越来越小，食物来源也愈发紧张。

海冰变薄 住在阿拉斯加州西北海岸希什马里夫小村庄的人们，为了避免房屋倒塌落入周围的海水中，将自己的家搬到了更高的地方。海冰可以帮助村庄抵御海浪，海冰变薄导致陆地变得更容易受到侵蚀。阿拉斯加州基瓦利纳附近的村庄也面临相同的问题。工程师估计，要将村庄中380位居民的住所搬迁到更牢固的土地上，需要花费1亿至4亿美元。

▲ 阿拉斯加州希什马里夫海岸附近的一座房屋。由于海冰变薄和永久冻土融化，房屋发生沉降。

传统破坏 温度的变化也影响了北极当地居民打猎的习惯。冰上钓鱼的季节通常从10月份开始，但是现在，要直到12月份海水终于结冰才能开始。当地的语言习惯也受到了温度和季节变化的影响。

因纽特人的语言中，"qiqsuqqaqtug"通常表示6月。这个单词描述了6月特殊的积雪状况，白天地表一层薄薄的积雪融化，夜晚又再次结冰，形成一层坚硬的外壳。随着气温的变化，这种情况现在发生在5月份。因此，一些因纽特人认为这个单词已经不能再准确地表示6月了。

释放二氧化碳 永久冻土的土壤中含有大量有机物。当永久冻土融化时，土壤中的有机物分解，释放二氧化碳。北极有超过100万平方千米这样的土壤，科学家认为，冻土继续融化会向大气圈释放大量的二氧化碳。

> **地学写作**
>
> **公告板展示** 调查更多有关北极气候变暖所造成的影响。准备一个公告板，用插图和照片展示几个具体的气候变暖实例。

地球科学与技术

测量和模拟气候变化

你一定看过因气候变化导致世界末日的电影或电视节目吧？但究竟是什么原因导致气候变化的呢？

▲ 电影《后天》剧照

气候变化　任何时候，不同地区的地表温度都大相径庭。其中一个能确定地球温度的方法就是计算特定时间段内地表的平均温度。数据显示，在过去的100年里，全球年平均温度已增加0.6 ℃，这种全球平均气温升高的变化称为全球变暖。

数据　用来计算全球平均温度的数据来自于陆地和海洋上的温度计。其他还有一些用来重建气候历史记录的数据来自冰芯、湖底和海洋沉积物柱样、树木的年轮和珊瑚等。

可能的原因　地球表面的温度是由地球吸收热量和释放热量的平衡过程决定的。温室气体浓度的增加，导致地球吸收的热量增加，从而造成全球气温升高。数据显示，目前大气中二氧化碳的浓度与19世纪中叶人类开始使用化石燃料相比，增加了约100 mg/L（35%），二氧化碳含量的增加和全球温度升高几乎是同步的。

除此之外，太阳活动和火山爆发等因素也会造成全球温度的变化。那么，气候变化的原因究竟是人类活动产生的温室气体还是自然因素，又或者是两者都有呢？

计算机模拟气候变化模型 全球平均气温的变化可以用气候模型进行计算机模拟。这些程序可以计算温室气体、太阳辐射和其他因素的变化是如何改变地球表面温度的。

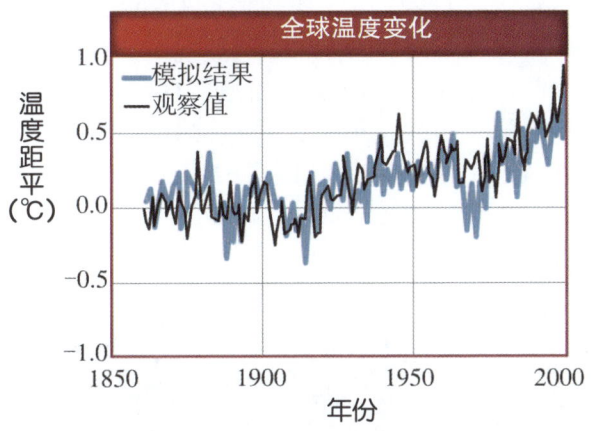

▲ 在综合考虑自然因素和温室气体的情况下，计算机气候模型计算得出的全球平均气温（蓝线）和测量得出的结果（黑线）基本吻合。

如何获得最好的吻合结果？ 计算机气候模型可以根据多种气候变化因素计算出全球平均温度。当综合考虑自然因素和温室气体变化时，计算所得结果与实际测量结果的吻合程度最好。这表明，自然因素和温室气体的增长可能共同导致了我们现在所观测到的气温变化。

> **地学写作**
>
> **辩论** 准备一次有关气候变化国际政策的课堂辩论。

生物学前沿

追踪人类进化

也许你已经听说过DNA证据被用于揭开长达几十年或几百年之久的秘密了。但想象一下，科学家利用DNA揭开了数百万年之前的秘密，是否太过神奇了？但事实确实如此，科学家正在利用DNA分析追踪人类进化。

线粒体DNA　你可能在想，线粒体同DNA分析及人类进化有什么关系呢？线粒体通常被称作细胞的能量工厂，是细胞中释放能量的细胞器。线粒体中具有DNA，但是比细胞核DNA小很多。因为在细胞核外以及细胞中线粒体的数量很多，线粒体DNA是比较丰富的，比细胞核DNA更容易检测和追踪，所以它是一个解开科学之谜的有用工具。

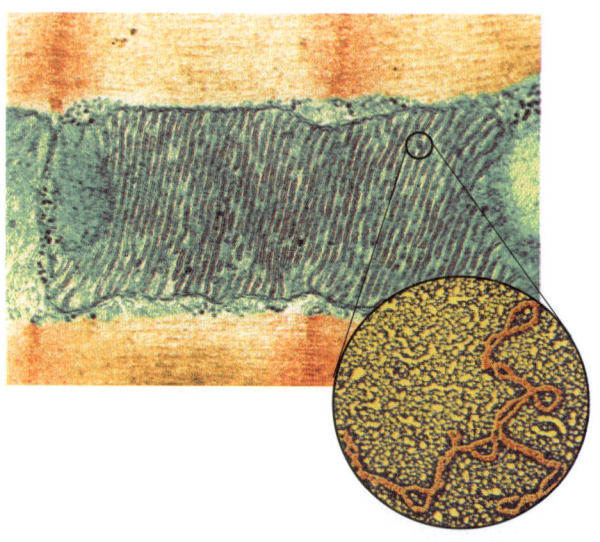

▲ 线粒体是在细胞中发现并给细胞提供能量的细胞器。细胞中的线粒体DNA是同细胞核中的DNA分离的。

线粒体DNA的一个特定用途就是用于追踪人类进化。线粒体是母系遗传，当精子和卵细胞结合时，两个配子的细胞核DNA结合，但是子代的线粒体仅来自卵细胞。因此，线粒体DNA能被用于标记追踪一代又一代的母本。

追踪进化　科学家利用DNA分析来追踪世界各处的原始人类足迹。在样品的细胞核中发现的DNA一般发生了退化或者数量很少，但是科学家发现线粒体DNA数量丰富，可用其进行分析研究。

线粒体DNA中的突变是一些可预测模式，科学家对这些模式进行比较研究。通过比较这些突变，科学家追踪了线粒体DNA的遗传轨迹。基于线粒体DNA的研究，科学家推测人类最近的共同母本祖先是"线粒体夏娃"——20万年前生活在非洲的一位女人。

根据"线粒体夏娃"理论，产生了关于早期人类祖先迁徙的国际化研究。这个研究利用女性的线粒体DNA序列以及男性的Y染色体上的序列来追踪人类的迁徙进化之路。

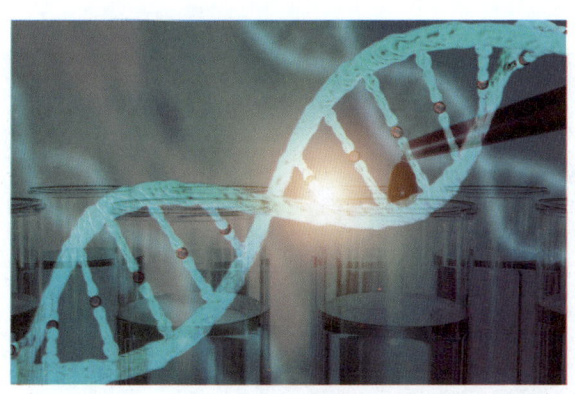

▲　线粒体DNA

科技写作

研究性论文　研究线粒体DNA，选择当前关于线粒体DNA研究的一个方面，写一篇相关的论文。

生物与社会

入侵生物肆掠野外

有的宠物爱好者购买了缅甸幼蟒，当喂养到 4～5 m 长时，爱好者决定不再照顾这些蟒了。科学家发现，一些宠物爱好者曾把这些巨大的蟒丢弃到沼泽中。缅甸蟒成为沼泽地的入侵生物，带来越来越多的问题。其他入侵生物也导致当地环境出现了类似问题。

什么是入侵生物？ 一种生物被人类引入另一个原本不属于它们生活及繁殖的地方，这种生物就称为当地的入侵生物。入侵生物成功进行繁殖，并成为当地的有害生物，威胁着当地的生物多样性。缅甸蟒只是美国成千上万种入侵生物之一。再比如，野猪扩散到整个佛

▲ 1993年，美国佛罗里达国家公园开始清除野猪。

罗里达州，它们对当地植被及海龟的巢破坏性极大。政府开始积极清除佛罗里达国家公园的野猪，从而减少野猪的破坏。

入侵生物的代价是什么？ 在美国，入侵生物每年对庄稼、牧场和航道的破坏所造成的损失都高达数十亿美元。入侵生物是导致物种濒危和灭绝的第二大直接原因。入侵植物会破坏鸟类的繁殖地或越冬地，从而威胁鸟类的生存。入侵动物会捕食当地动物。入侵生物侵害本地物种的另一个主要原因是与当地物种争夺空间及食物。

应对措施 人们可以通过多种方式控制入侵生物，包括法律法规，如美国在1996年颁布的《国家入侵物种法案》。科学家正在不断研究入侵生物，从而了解控制入侵生物扩散、生命周期及行为的方式。与环境问题有关的法律法规，也有助于改善与入侵生物有关的情况。

▲ 蟒蛇

活动参与

课程计划 针对影响当地的一种入侵生物，制订一份课程计划。要求该课程计划应该适用于本地区的小学生，并且你也能参与到小学生的某个活动中。

野外调查

昆虫证据

职业：法医昆虫学家

昆虫通常最先到达命案现场，绿蝇几分钟之内就会到达，一段时间之后，其他昆虫也陆续而至。法医昆虫学家运用自己在昆虫方面的知识帮助破案，昆虫的生命周期会揭露死亡事件的时间和地点等相关信息。

死亡时间 法医昆虫学家使用两种方法确定死者的死亡时间。如果受害人的死亡时间至少在一个月以上，他们会使用第一种方法。绿蝇和家蝇会最先赶到犯罪现场，其他昆虫稍后也会加入分解大军中。有些昆虫会以犯罪现场的其他昆虫为食。昆虫的演替会透露死者的死亡时间。

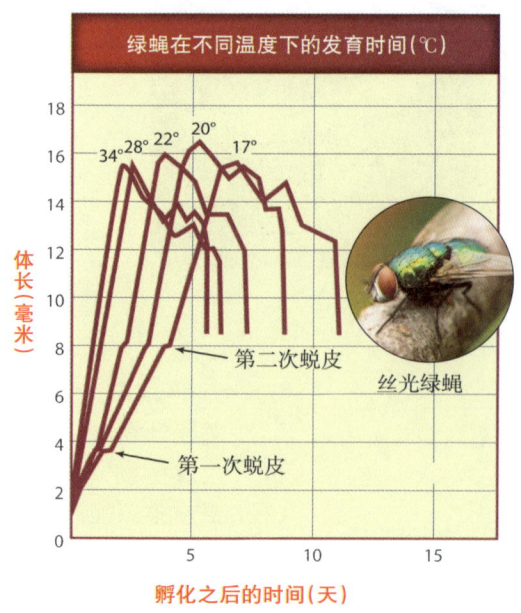

如果死亡事件发生在几周之内，他们就会使用第二种方法，这与绿蝇的发育周期有关。绿蝇在几天之内就会产卵。接下来的发育过程在某种程度上会受到温度的影响，如上页图所示。根据昆虫的发育阶段和环境温度，法医昆虫学家就能将第一只昆虫在尸体上产卵的时间缩短到几天之内，从而确定受害人的死亡时间。

死亡地点 昆虫能够帮助法医确认尸体是否被移动过。如果尸体上发现的昆虫并非产自尸体所在地，那么调查人员就可以判定尸体被移动过。昆虫的品种还能提供案件发生地的相关线索。

局限性 许多地方一到冬天，昆虫数量就会减少，昆虫活动量也变少，这个时候法医昆虫学家的作用就有些受限了。此外，如果尸体被冻住了，或埋得较深，或包裹得特别严实，昆虫都有可能无法侵入尸体。但很多情况下，昆虫都能为案件细节提供关键证据。

▲ 昆虫标本

生物学中的数学

通过文中的图片解决以下问题：一具尸体上发现了一只体长6毫米的绿蝇幼虫，当时的温度是22℃。此时距离受害人遇害过去了多长时间？

生物大发现

在寸草不生的地方勇敢生长

宇航员在离开地球时，必须带足旅行所需的食物。他们的食物多为脱水或冻干型，以方便保存。但如果宇航员在执行太空任务时可以种植作物，情况会怎样呢？

在太空中种植植物 美国国家航空航天局（NASA）希望宇航员能在太空中自己种出食物来，这样可减少带进轨道中的食物数量。为了实现这一目标，宇航员在航天飞机和国际空间站上（ISS）试验种植物。

向性运动和微重力的作用 植物生长过程中对重力的反应称为向重力性。在地球上，植物的嫩芽朝着与重力相反的方向生长（逆向性）；而植物的根则向着重力的方向生长（正向性）。地球上的植物会朝着光源生长，这个光源通常是太阳。植物的这种反应称为向光性。

▲ 这些生长中的植物是国际空间站进行的众多实验中的一项。在微重力的环境下，植物的根向着四面八方生长。

宇航员和植物到了太空后，会经历微重力的情况。在这种条件下，重力的作用微乎其微或者为零。植物的根在微重力的环境下不会表现出向重力性，它们在培养基中朝着各个方向生长。培养基罩着，让里面的颗粒不至于漂走。在微重力的环境下，植物的嫩芽还是会表现出向光性。

在太空中种植植物的问题 科学家已经确定，植物在微重力的情况下不会具有向重力性，但不会阻碍它的生长。但是，在微重力的条件下，确实很难使培养基内的水和氧气均匀分布在植物的嫩芽周围。

这样的条件不利于植物产生种子。科学家们正在想方设法解决这些问题。例如，将多孔管埋在土壤中，就可以通过毛细管作用向植物输送水分。

植物种植实验一直是近年来国际空间站的任务之一。2009年的一次实验记录了树木种子在微重力的环境中发芽的情况。NASA的科学家还未能实现让宇航员种自己吃的食物，但对植物的持续研究会让他们早日达成这一目标。

▲ 太空实验室

设 计 实 验

重力的作用 选取品种相同且大小一样的两株植物，设计一个容器，使一株植物在这个容器中倒着生长。将另一株植物作为对照组。把两株植物放在同一光照条件下，并加入等量的水。每天观察植物并记录观察结果。一个月之后，将你的结果与同学进行讨论。

生物与科学

干细胞：治愈麻痹？

赛车手在碰撞事故后发生瘫痪，儿童落水后造成肢体麻痹，直到现在，这些患者身体完全康复的希望还是非常渺小，但是关于成体干细胞的新研究给予了这些人恢复肢体健康的希望。

干细胞是怎样被利用的？ 科学家研究培养干细胞的方法并通过扩增干细胞来获取特异类型的细胞。例如，干细胞可被用于修

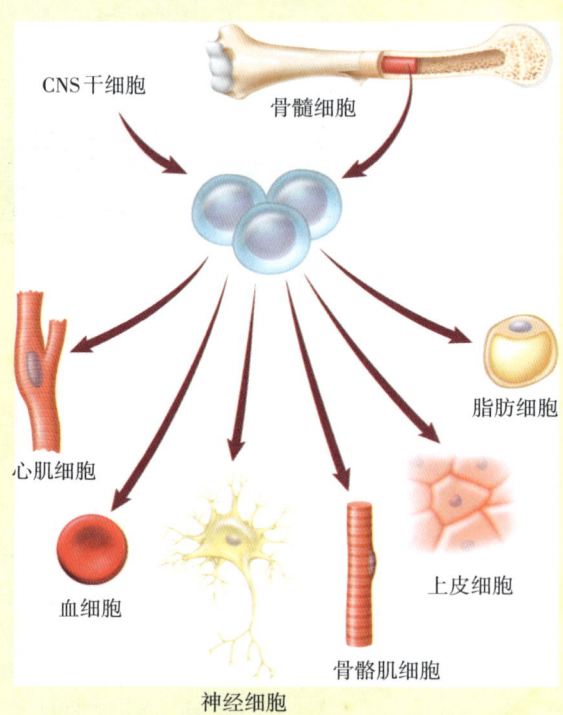

▲ 来自骨髓和中枢神经系统的干细胞通过操纵可以产生很多细胞类型，这些细胞经移植可以治疗疾病和修复损伤。

复心脏病患者的心脏，恢复有眼病或眼睛受伤的患者的视力，治疗一些疾病（如糖尿病等），修复脊髓细胞从而治愈瘫痪。当前，厄瓜多尔的干细胞研究方向包括骨髓细胞系（BMCs），BMCs是用于修复血管的成体干细胞，在治疗过程中可恢复血氧向组织中的流动，从而给患者提供了治疗的选择。

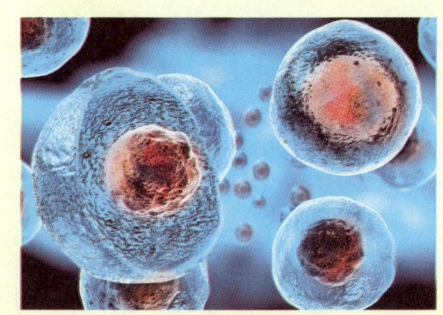

▲ 干细胞

干细胞和瘫痪　在葡萄牙，卡洛斯·利马博士和他的研究团队发现，从鼻腔中分离出的组织富含大量的干细胞，将这些细胞移植到受损的脊髓处，就会变成神经细胞。这些新的脊髓细胞会代替受损的细胞。

超过40名瘫痪患者接受了卡洛斯博士的医疗方案，这些患者的身体麻痹部位都产生了感觉，很多都具有了一些运动控制。随着进一步的物理治疗，大约有十名患者在搀扶或借助支撑物的情况下能够走动。这对于那些因疾病或者受伤造成身体不能自如行动的患者来说是一个令人激动的消息。

展望　科学家希望通过研究，使成体干细胞治疗成为健康治疗的常规选择，通过干细胞的治疗，让瘫痪不再是永久性的。

科技写作

小册子　制作一本小册子，描述研究成体干细胞的好处，包括研究方法、治疗、案例、细胞生理以及成体干细胞研究的历史。

地球科学与环境

瓦鲁鲁海底山

美属萨摩亚群岛是南太平洋岛链的一部分。有关岛链边缘的探究揭示了构造过程是如何导致全新、独特的环境的。

绘制瓦鲁鲁山地图 1999年，海洋学家首次用声呐遥感技术绘制出了瓦鲁鲁这座活跃的海底火山。地图勾画出了一个具有凹陷破火山口的巨大火山。该处大洋深 5 km，火山口的环形脊在海平面以上约 600 m。1999年的地图显示，破火山口底部平坦，位于海平面以下 1 km。科学家认为这座火山是从热点——地幔下部受热的岩浆区域演化而来的。

火山的发现 2005年，一队科学家利用深海潜水器研究了瓦鲁鲁火山。在深潜前，他们重新绘制了海底山的地图，结果惊奇地发现破火山口底部发生了剧烈的变化。在过去六年里，火山活动使得熔岩锥上升了 300 m，这相当于纽约帝国大厦的高度。这个熔岩堆很快被命名为纳法奴阿，这个名字源于萨摩亚女神战争。科学家利用潜水器进行了多次考察，并研究了构造活动如何产生一个全新的生态系统。

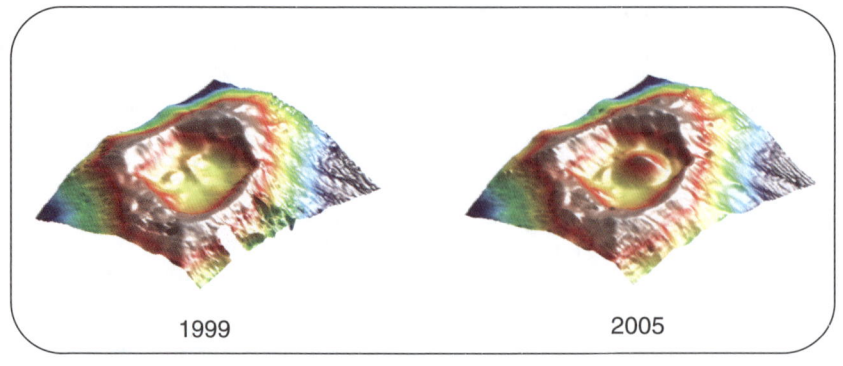

▲ 比较这两幅图，你可以清楚地看到破火山口中部的纳法奴阿熔岩锥。

鳗鱼城　在纳法奴阿熔岩堆顶部，他们遇到了数量众多的 30 cm 长的鳗鱼，科学家将之戏称为"鳗鱼城"。在圆锥体顶部，因为位置太深，很难有阳光照到，导致该处植物稀少，于是科学家对鳗鱼的食物来源感到十分困惑。调查显示，海底山改变了当地的对流圈，使得纳法奴阿周边有很多小虾。

死亡深沟　破火山口底部的热液喷口释放出有毒化学物质，包括含二氧化碳的混浊的油状液态物质，还有一些喷口喷出 85 ℃的热水。这个给鳗鱼带来小虾作为食物的对流圈也将鱼类携带到这种有毒环境中，所以它又被称为"死亡深沟"。其中，有一些生物能够存活下来，而大多数死亡的生物在破火山口底部堆积，上面覆盖了一米厚的微生物，亮红毛虫就生活在这些鱼类尸体周围。

岛屿的诞生　纳法奴阿熔岩堆仍然在继续生长。按照现在的速度，它可以在几十年后出露大洋表面，并成为萨摩亚群岛链中最年轻的岛。地球科学家会继续关注纳法奴阿熔岩堆的生长，并研究板块构造运动怎样帮助塑造新的生态系统。

地学写作

新闻稿　探究生物活动和发现于瓦鲁鲁火山的独特的栖息地环境。写一则描述海底山的生物群和生存环境的新闻稿。

探险现场

阿巴拉契亚山道

阿巴拉契亚山脉从加拿大一直延伸到美国亚拉巴马州。每年，超过300万人在阿巴拉契亚山旅行与探险。丰富的地质历史使得这里成为美国既刺激又美丽的徒步地。

历史 阿巴拉契亚山道于1937年开放，目的是为了让人们可以远离喧嚣，接近自然。现在的山道长3 499 km，从佐治亚州的施普林格山一直到缅因州的卡塔丁山。阿巴拉契亚山道可以分成三片区域——南段、中段和北段。

▲ 阿巴拉契亚山道

徒步山道 每年，都有一支经过严格挑选的徒步队伍穿越整个阿巴拉契亚山道。大多数时候，他们会选择从佐治亚州开始，向北进入缅因州。这样一趟完整的徒步旅行需要6个月甚至更久，此外还需要详细的计划。

阿巴拉契亚山脉南段 佐治亚州的斯普林格山海拔1 860 m，覆盖的主要为变质岩，所以这里树木稀少。阿巴拉契亚山脉南段与北段不一样，南段的抬升山脉不受冰川作用影响。

阿巴拉契亚山脉中段 在阿巴拉契亚山脉中段，徒步者会经过纽约州卡斯基尔山脉的斯莱德山。卡斯基尔山脉有陡峭的山坡和圆形的高地，主要由砂岩和砾岩组成，这使得斯莱德山多次阻挡了侵入阿巴拉契亚山脉的恶劣天气。最高峰的海拔为2 047m，但是因为树木密集，人们很难爬到山顶欣赏美景。

阿巴拉契亚山脉北段 在几个月的徒步旅行之后，就到了阿巴拉契亚山道末端，这里能看到雄伟的卡塔丁山。从山的东面可以看到两个大的圆形盆地——大盆地和北部盆地。这些地区在25 000年以前被冰川覆盖。因为这里海拔高且位置靠北，不利于高大树木的生长，因此从卡塔丁山望出去的景色非常壮观。在2010年，仅有11 502名徒步者成功走完阿巴拉契亚山道。

▲ 卡塔丁山位于阿巴拉契亚山道的北端。

地学写作

研究报告 假设你获得了来自阿巴拉契亚山道徒步者的第一手资料，请描述他们所到之处的地质构造。

地球科学与技术

太阳系中的水

近几年,来自太空飞船和地面雷达的数据表明,太阳系中除了地球以外,还有其他地方存在水,比如火星和地球的卫星——月球上可能就存在水。科学家还认为,在木星的某些卫星、水星的两极以及至少一个土星的卫星上可能存在水。美国国家航空航天局和其他太空机构计划收集更多的数据,对此展开进一步调查。

木星的卫星 木星最大的四颗卫星中,盖尼米得、卡利斯托和欧罗巴这三颗卫星的表面都覆盖着冰。在地球上,固态冰的导电性很差,而盐水的导电性就非常好。"伽利略号"探测器发回的磁性测量数据显示,盖尼米得、卡利斯托和欧罗巴上有电流。根据这些资料以及其他一些相关研究,比如有证据表明在欧罗巴上还存在类似冰山的结构,科学家猜测这三颗卫星的冰层下都有很深的液态盐水海洋。美国国家航空航天局和欧洲航天局合作,开展了一项木星探测的新任务——木卫二(欧罗巴)木星系统任务(ESJM)。该任务计划在2020年发射两个无人探测器,预计2026年到达木星和它最大的卫星。此次任务的目标是,了解更多关于木星系统起源和演化的信息,描述三颗卫星地下海洋的特征,确定木星系统是否可能存在生命。

▲ 科学家猜测,欧罗巴冰质表面下存在液态海洋水。

水星的两极 因为水星的行星轴不是倾斜的，所以水星两极的大陨击坑永远也见不了太阳光，其内部温度从未高于-212℃。雷达图像显示，陨击坑中存在冰。为了绘制水星表面的地图和了解更多有关水星组成的资料，美国国家航空航天局2004年发射的"信使号"太空探测器于2011年进入绕水星运动的轨道。"信使号"探测器搭载了光谱仪，它在水星的两极探测到了氢元素，这是水的组成成分之一。

土星的卫星——土卫二 美国国家航空航天局发射的"卡西尼号"宇宙飞船曾记录到地质活动活跃的土卫二表面发生过类似间歇泉喷发的现象。这些喷发物来源于温暖的裂缝，这些裂缝被称为"虎纹"，它们喷发出的水蒸气、冰晶和微量有机化合物会进入太空。这种裂缝中，最大的被称为大马士革沟，这里的温度为-93℃，相对于平均温度只有-201℃的该卫星来说，这已经是相当高的温度了。

▲ "卡西尼号"探测土卫二。

地学写作

海报 调查更多资料，查找太阳系中哪些地方可能存在水。将你查到的相关地点的资料整理成一张海报，并附加一些科学家正在或计划对其做的探究行动的资料。

地球科学与社会

汲取过去的经验

某个星期三的凌晨 5 点 15 分,大多数人还在熟睡时,加利福尼亚州发生了地震。整个圣弗朗西斯科都受到了严重影响。剧烈的地震持续了整整一分钟,众多房屋在地震中倒塌。在接下来的几天时间里,附近地区又发生五次余震。

地震将城市夷为平地 据现代地质学家测算,1906 年 4 月 18 日发生的地震等级约为里氏 7.9 级。这次地震摧毁了圣弗朗西斯科 490 个街区,地面下沉了 1 m,桥梁倒塌,约 2.5 万栋房屋被毁,许多人被埋在废墟下。这次地震造成 25 万人无家可归,近 3 000 人死亡。

地震造成的气体泄漏还引发了大火,大火熊熊燃烧了三天。因为市区的供水系统也在地震中被破坏,所以消防员对大火束手无策。灾后还出现了饮用水污染、食物受限等问题,导致整座城市疾病传播,盗窃猖獗。

▲ 圣弗朗西斯科市政厅在 1906 年的地震中被摧毁。

科学家对这次地震的分析 1906 年的圣弗朗西斯科地震对当地居民的生产和生活都造成了重大影响。在 1906 年之前,科学家对地震知之甚少,这次地震可看作是美国现代地震学的开端。

一个理论的提出 当年地震发生的时候，板块构造学说还没提出，科学家对这种大型的地面震动原理并不清楚。地质学家分析了地壳在移动和震动中释放的能量，提出了弹性回跳理论，并一直沿用至今。该理论认为，位于圣弗朗西斯科南北一线地壳内部的应力是逐渐积累起来的。这条线就是今日的圣安德烈斯断层。

▲ 圣安德烈斯断层

当地壳中积累的应力超过其临界值，像橡皮筋被拉伸过度时，地壳就会发生断裂。1906年的地震就是由于这种突然释放的能量所引起的。

为未来做好准备 科学家认为，发生1906年圣弗朗西斯科地震的海沃断层只是圣安德烈斯断层中的一个分支，其地壳中的应力仍在持续积累。但是，在过去一个世纪里，科学家和整个社会都在为未来的地震做准备，他们开始预测地震可能发生的位置以及设计和建造具有抗震能力的建筑物。

地学写作

地震探险 做一个对比1906年圣弗朗西斯科地震和1989年洛马普里埃塔地震的海报、PPT或者网页，并解释科学家如何利用这类过去的事件来预测未来地震可能发生的位置及其带来的危害。

探险现场

挖掘恐龙

"快过来看看我发现了什么！"听到我的呼喊，队伍里的古生物学家和志愿者们都匆匆跑到山上来看我挖到了什么。我手里拿着的是1.5亿年前的兽脚类肉食恐龙的尖牙。

第1天　抵达挖掘点　队员们把装备、齿轮和工具等装上货车，开车去挖掘点。路上看到远处正在挖掘的采石场时，每个人都兴奋地期待着，但我们到达的第一件事是先搭好帐篷。

这块土地属于当地的一个农场主。1985年，这个农场主在这里发现了第一块骨头碎片化石。2003年，他又在这里发现了更大的骨头化石，这次发现也让他意识到了事情的重要性。于是，他联系了一位朱迪斯河恐龙研究所的古生物学家，想看看他们有没有兴趣挖掘这里的恐龙化石。从那之后，研究所里每年夏天都有人来采石场进行挖掘。

▲ 在这次蒙塔纳州的挖掘中，年轻的古生物学家在仔细地清理化石。

第2天　基本的挖掘技术　我们团队里的大部分人都是没有挖掘经验的志愿者，其他还有一些地质学家、古生物学家和科学老师。我们使用的基本工具有看起来像碎冰锥的锥子、坚硬的刷子等。挖掘过程中还用到了铲子、气锤和独轮车。

整个挖掘过程速度很慢，每一个岩层都要小心地分离，然后将碎屑轻轻刷走，还要时刻检查岩石中的化石有没有被不小心刷走或者破坏。小组里的每个成员用铲子将碎屑倒入桶中时，还要再仔细检查一遍。就这样，我们发现了兽脚类肉食恐龙的骨骼化石。

第3~6天　挖掘剑龙化石　还有一小部分队员发现了一些剑龙的尾椎骨化石和其他碎片。队员们在山腰继续挖掘，最终发掘出了更多的尾椎、腿和脚骨化石。

第7天　挖掘结束　挖掘工作的最后几个小时相当忙碌，每个人都希望能尽可能多的收集数据。我们通过素描和拍照记录化石，测量化石发现地的相关数据，并给每一个化石标上标签。

我们带着化石和装备回到货车上，化石会被分类储存在研究所里。这些数据会用于研究报告，并发表在科学杂志上。

地学写作

制作模型　对每一种化石从挖出到运走的过程进行研究和建模。写一段展示这个模型的描述文字。

生物学前沿

DNA 条码

如果你发现有人收集了很多奇奇怪怪的小瓶，瓶中装有来自940种不同鱼类的肌肉组织，大多数人会觉得很奇怪。况且，大多数人也没有做过这样的项目。

DNA 条码 加拿大安大略省圭尔夫大学的遗传学家保罗·赫伯特，正试图收集世界上所有生物的细胞样品。赫伯特和他来自世界各国的同事们正在利用如大头针尖般大小的生物组织，为所有存活物种制作DNA条码。

赫伯特表示，线粒体的DNA片段（被称为细胞色素c氧化酶Ⅰ或COⅠ）可以作为诊断工具来区别不同的动物物种。COⅠ基因的分离很简单，它可以用来辨认各种动物。对于植物来说，需要用到另外一个不同的基因。与条形码类似，DNA片段序列信息可以被储存到基本数据库中，实验材料与数据库相关联。当提供一小块组织（如鳞片、毛发或羽毛）时，人工扫描器就能立刻辨别出其所属的物种。

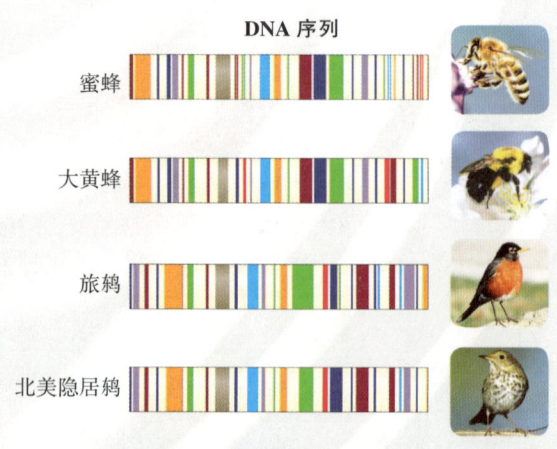

▲ 这张DNA条码图表明，亲缘关系越近的物种，DNA序列越相似。

潜在价值 这项技术具有几项潜在价值。医生可以利用它来确定病源生物的类型，快速切断传染源，或者决定给被蛇咬伤的患者注射哪种抗毒血清。食品检验机构可以用这项技术检验食物，从而发现其中的植物或动物污染物。对周围环境感到好奇的人们，可以利用这项技术了解生活在他们周围的生物。农民可以利用这项技术辨别害虫种类，并使用物种特异性的方法清除害虫。

分类新途径 利用生物信息学——一个生物学、计算机科学和信息技术的交叉领域，创建的DNA条码数据库可以让分类学家迅速地对生物进行分类。

目前，分类学家辨认了大约175万个物种。科学家估计，地球上现存1000万～1亿个物种。历史上，曾利用形态学、遗传学、系统发生学、栖息地和行为学对物种进行分类。然而，DNA序列不能代替经典的分类方法，它给科学家提供了另一种可以用于分类的工具，是经典方法的补充。

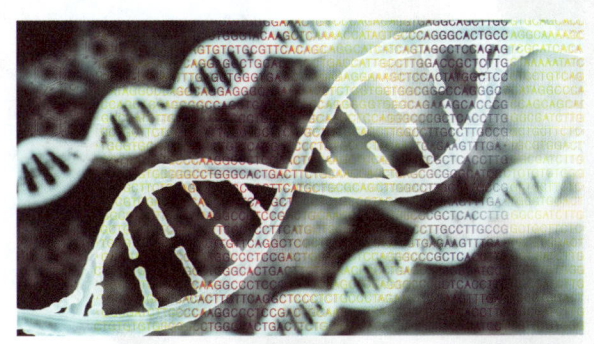

▲ DNA序列

电子通信

提出至少3个关于DNA序列的问题，并通过查找资料找出问题的答案。然后，把你提出的问题和答案通过电子邮件发送给你的教师，并与同学分享。

生物与社会

防晒系数（SPF）和防晒霜

当你外出运动或者和朋友出去闲逛的时候，你肯定希望有一个阳光灿烂的好天气。夏日的阳光能带给人们愉悦的心情，但是，你真的做了足够的防护措施来使自己免受太阳光带来的潜在危害了吗？商家往往会推出很多防晒产品，然而这些产品究竟能给我们提供多少保护呢？

受损皮肤　晒黑的皮肤属于受损皮肤的一种，理解这一点非常重要。暴露在太阳紫外线下或者被太阳紫外线损伤的皮肤细胞会生成黑色素，以吸收阳光。黑色素使皮肤呈现出"晒黑"的样子。有两种紫外线能够到达地球——紫外线A（UVA）和紫外线B（UVB）。UVB会晒伤皮肤。然而相比UVB，UVA会更深入地渗透进人的皮肤，造成其他类型的皮肤损伤，比如皱纹和雀斑。日晒床和太阳灯这类发射紫外线的人工源也会引起相同的问题。即使你没有被晒伤，暴露在这两种紫外线下也会增加患皮肤癌的概率，尤其是黑素瘤这种最严重的皮肤癌。

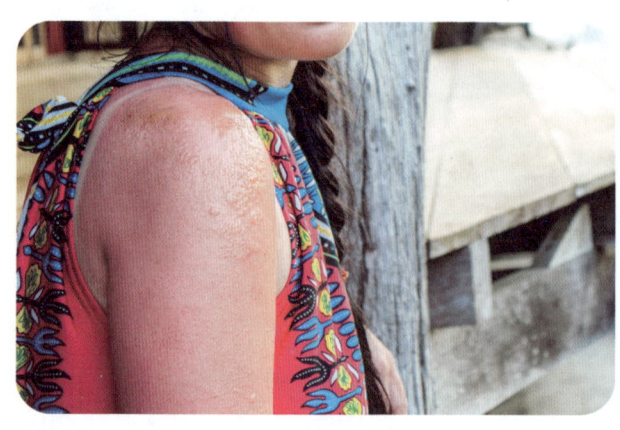
▲　皮肤晒伤

为了保护皮肤免受太阳光的伤害，人们会使用防晒霜。很多防晒霜都标有"SPF"值，它代表防晒系数。但是，SPF只能测量防晒霜对UVB的阻挡程度。标有"广谱"标志的防晒霜能在一定程度上保护皮肤免受UVA的伤害。但是科学家还没有研发出测量防晒霜对UVA阻挡程度的体系。

理解SPF　要挑选最好的防晒产品可能会非常难，因为SPF值常常会使人误解。比如，人们可能会认为SPF值为30的防晒霜阻挡UVB的效果是SPF值为15的防晒霜的2倍。

但是，事实并不是这样的。SPF值为15的防晒霜能阻挡93%的UVB，SPF值为30的防晒霜能阻挡97%的UVB。

美国癌症协会建议，在户外活动时，所有人都应该使用SPF值至少为15的防水防晒霜。在出门前15～30分钟，人们应该在皮肤上涂抹防晒霜，即使是阴天也要涂抹。每隔两个小时就应该再涂一次防晒霜。这一简单的习惯对保护皮肤有很大的帮助。

科技写作

创作一个幽默小短剧　写一篇幽默小短剧来解释防晒系数等级，并且说明为什么使用防晒霜是非常重要的。调查其他可以保护皮肤免受太阳伤害的方法，并将这些方法写进你的短剧中。如果时间允许，在其他班级表演该短剧。

野外调查

尸检帮助科学家研究鲸鱼

职业:解剖学家

  这是一幅令人不安的景象:一头鲸搁浅在海滩上,因不能返回海洋而死亡。科学家不能完全理解:为什么鲸会搁浅在岸边。所以,他们通常需要进行尸检——检查鲸的尸体以确定死亡原因。解剖学家约·瑞登伯格博士将鲸和海豚的尸检作为一项事业,虽然工作环境恶劣(臭而黏滑),却能为科学家提供有价值的数据。

  由于鲸大部分时间都生活在深海里,故科学家不能近距离地研究它们。约·瑞登伯格博士及其他进行尸检的科学家想找出鲸死亡的原因,同时他们也想了解鲸是怎样生活的。

鲸体形太大，不便移动，所以尸检通常在鲸搁浅的地方进行。2009年1月，一头成年的长须鲸在爱尔兰南部海岸的一个海湾搁浅并死亡。约·瑞登伯格博士及其他科学家冒着大雨、冰雹和大风对鲸进行了尸检。

约·瑞登伯格博士首先切开了鲸的身体，让分解产生的气体排出。当气体排出后，她除去鲸下侧的脂肪，并移去消化道。约·瑞登伯格博士发现，这头长须鲸的胃中除了液体之外没有任何东西，这意味着这头鲸没有进食。约·瑞登伯格博士怀疑这头鲸死前已经生病了。

约·瑞登伯格博士也仔细检查了鲸的其他器官。她查看了鲸身体上的划伤、擦伤及断裂的骨头，但没有任何发现。

她推测，这头生病的鲸游到浅湾中休息，但当潮水退去时，没有水的支持，鲸窒息而死。

虽然尸检工作环境又脏又臭，需要接触到鲸黏滑的体液，且十分困难，但尸检很重要。如果科学家能够弄明白为什么鲸会搁浅而死亡，他们就可以使鲸及其他海洋哺乳动物避开一些引起过早死亡的因素，这就是这份工作的最佳回报。

科技写作

想象一下，你是当地一家报社的记者，一头死亡的鲸刚刚被冲到你们小镇的海滩上。请你为当地的报社写一篇文章，描述科学家在海滩上的尸检工作。

生物大发现

窃听大象

人类可以听见大象的很多种叫声，从响亮的、尖锐的声音到低沉的呜呜呻吟。然而，人们曾相信大象也会用第六感互相交流。第六感可能包括读到对方的思想。第六感可以解释为什么有的雄象能够每几年一次成功避开其他雄象，穿越数千米找到具备交配能力的母象。

解开谜团　恩特·凯迪·佩恩是康奈尔大学的生物声学研究者。1984年，在参观华盛顿公园动物园大象展时，她注意到大象周围的空气发生了颤动。是不是发生了什么人类听不到的事情？她记录下了

▼ 大象的大多数次声波交流发生在家庭成员中，尤其是有幼象的雌象。

"大象的交谈"，同时发现人类能听到的那些呻吟只是大象交流的一小部分。大象利用次声波来交流，次声波比人类能听到的声音频率更低。所以大象发出的这些低沉的声音是处于人类可听频率之外的。这些声波频率低且穿透力强，可以不受干扰地传到很远的地方。事实上，数千米之外的大象也能接收并感知到这些呼唤。

模仿者　大象不仅能用次声波交流，也善于学习其他动物的声音，模仿其发声。科学家认为，这种声音的模仿能让它们在复杂的社会团体中加强个体之间的联系。

为什么大象需要交流呢？　为什么交流对所有生物来说都很重要呢？动物的交流方式其实可以揭示一些进化谜团。例如，为什么互相"交谈"能增加物种中个体的生存机会？多样的交流方式证明了交流对于所有生物的重要性。进一步查阅资料可以加深你对动物交流的理解，同时你也会发现更多的动物交流方法。

▲　动物交流

科技写作

时间轴　至少查阅四位曾在生物交流领域有研究发现的科学家的资料。用你的调查结果制作一个时间轴，详细描述他们的研究，包括他们的假设、研究方法、数据和结果等。

生物学领域

法医病理学的工具和技术

职业：法医病理学家和法医毒理学家

死人能说话吗？从某种角度而言，是可以的。尸体可以告诉我们很多有关死亡的信息。法医病理学家从尸体中收集相关数据，然后通过分析判定死因。法医病理学家使用一些工具、技术和科学方法来勾画出死者在生前的最后几小时可能经历的场景，并且推断其死亡的原因。

尸检线索 尸检的目的就是给尸体呈现出的特征做一份永久的合法记录。法医病理学家受过专业训练，能够调查突发的、预料之外的或暴力性的死亡。在尸检过程中，病理学家会检查肺、大脑、心脏、肝和胃，并称量这些器官的质量。他们会使用解剖刀从器官（如大脑）上切下一块薄片，制作如右图所示的脑切片。这些切片通常会使用化学手段保存起来，防止进一步腐烂。

消化和死亡时间 尸检过程中，病理学家会检查受害者的胃部内容物。为什么这个步骤非常重要呢？因为在死亡的那一刻，就是消化停止的那一刻。病理学家可以根据胃部内容物的状况来估算死亡的时间。如果胃部是完全排空的，受害者很有可能是在吃饭后至少3小时死亡的。如果小肠也是空的，那就很有可能是在吃饭后至少10小时才死亡的。

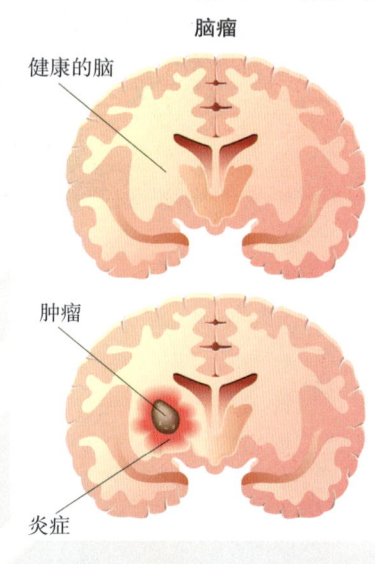

▲ 大脑切片可以用来诊断死因。

胃部所含食物的类型能被辨别出来吗? 在一些情况中,是可以的。扫描电子显微镜有助于识别食物分子。与已知的受害者死前最后食用的食物相符的胃部食物样本也有助于推断其死亡时间。

胃部内容物能揭示中毒情况 所有的有毒物质都可能与死亡相关。法医毒理学家是擅于辨别致死的外来化学物质的专家。

仅仅一份证据很难作为确证,于是,法医病理学家会利用专业知识和专业技能发现一些特定的细节,这些细节累加起来,有时候就能描绘出死者在生前最后的几小时发生的故事。

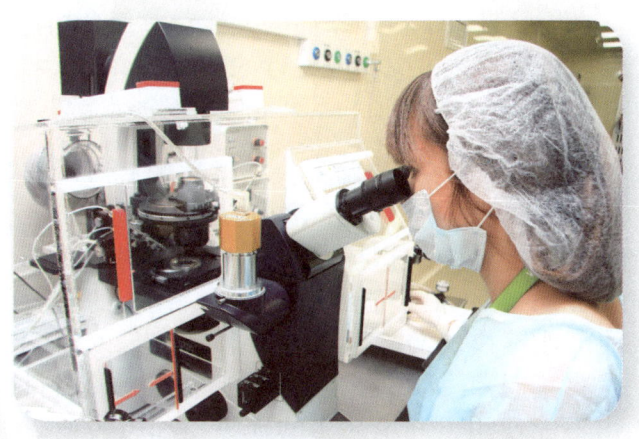

▲ 法医病理学家

科技写作

分类广告 你所在的城市需要一位法医病理学家。为这份工作写一则招聘广告。广告中需包含申请者必需熟悉的技能和工作流程以及申请者应具备的通用技能和性格特征。

地球科学与环境

细菌的力量!

细菌在我们周围到处都是,有些细菌是有益的,有些细菌却会致病。如果没有细菌,我们的生活将会变得很不一样。生活在人类肠胃里的细菌能帮助我们消化食物,但也有一些细菌会导致链球菌心喉炎和肺结核等疾病。

以污染为食的细菌 研究发现,一些细菌能够食用污染物,还有一些细菌能够产生能源为人类所用。脱亚硫酸菌属的细菌因为其独特的嗜好,很早之前就吸引了科学家们的关注。它们食用污染物,如有毒的废物,然后将其转化为少毒或无毒的物质。最近,科学家通过对脱亚硫酸菌的研究,成功发现了一系列能够分解淡水污染物的细菌。

微生物发电厂 脱亚硫酸菌不仅能够分解有毒废弃物,而且还能产生一定的能量。尽管科学家已经知道细菌具有分解不同毒素的能力,及其能够产生能量,但这是他们第一次发现能够同时完成这两项工作的细菌。细菌产生的能量能够用来驱动一些小的电子设备。

脱亚硫酸菌能够在极端高温、辐射和其他足以消灭细菌群落的极端环境中生存。想象一下,把含有脱亚硫酸菌的燃料电池放置在一个很多年内不能使用、环境恶劣的地方,如果脱亚硫酸菌作为燃料电池的能量来源,在被利用或环境改善前,电池可以经历一个类似冬眠的阶段。

不同的"饮食"习惯 脱亚硫酸菌的新陈代谢能力非常独特。细菌具有不同的"饮食"习惯,所以能够利用废水、化学污染物、杀虫剂等不同的原料来生产电能。

▲ 未来，脱亚硫酸菌可以为废水处理厂供电并处理废水，如图所示。

生物技术仍处在探究和发展的早期阶段，未来还会有更多激动人心的新发现。人们设想的用细菌群落为水处理厂供电并处理废水在未来很可能成为现实。

地学写作

宣传册 假设你在销售以细菌为原料的燃料电池。制作一个宣传册，向大众解释燃料电池的潜能以及为什么生物技术在现代社会非常重要。

探险现场

生活在太空

载着宇航员和其他东西的宇宙飞船绕着地球周围飞行。这个过程中涉及失重,即宇航员们会经历微重力环境。在微重力环境中,宇航员们完成每天必做的事情,比如睡觉和锻炼,就是一个很大的挑战。那么,在太空中漂浮是一种怎样的体验呢?

迷失方向 一些宇航员在微重力环境下的开始几天里会出现恶心、呕吐等症状,这是因为他们的大脑被所接收到的错配的视觉、感觉和压力信息搞混乱了。为了更好地适应这种微重力环境,宇航员们会在特殊的航天飞机里进行一段时间的自由落体式失重训练。一旦感官系统适应了这种微重力环境,宇航员们对太空的不适感就会减弱。

睡觉 如果没有重力,你怎么样才能躺在床上睡觉呢?在航天飞机和国际空间站的宇航员每天要保证充足的睡眠。尽管宇航员可以在任何他们喜欢的地方睡觉,但他们睡觉时必须固定在墙、椅子或床等

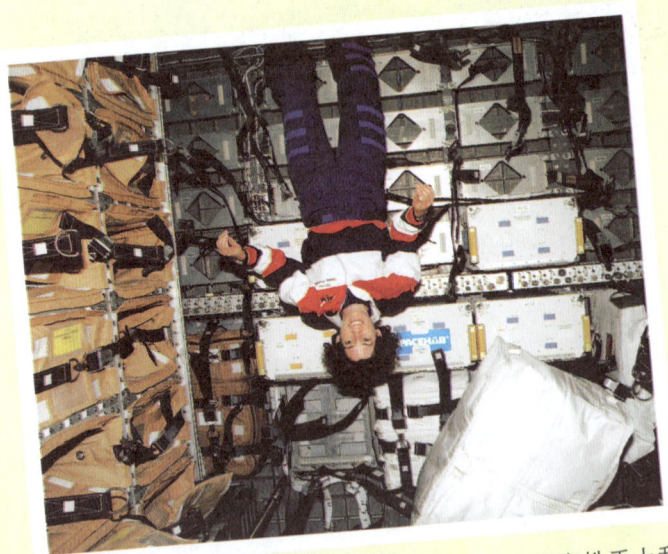

▲ 这位宇航员正在微重力环境下工作,注意观察她手上和脚上固定的地方。

物品上。这是为了避免他们睡觉时会漂浮着碰撞到别的东西，比如其他宇航员和器材。

锻炼 在航天飞机上，锻炼对于所有宇航员的健康都非常重要。在地球上，因为有重力作用，宇航员可以通过拉伸、支撑等方式锻炼肌肉。但在微重力环境下，肌肉无法充分利用，结果会造成肌肉萎缩，导致宇航员体重下降和健康水平下降。

在地球上，支撑身体的重量是骨头的功能之一。科学家知道，重力在骨头的形成和维持过程中起到了重要的作用。但在微重力环境中，骨头的作用过程被打乱，还会流失重要的矿物质，结果导致骨头变得越来越脆弱，骨折的概率也会变大。因此，宇航员在太空时每天都需要用皮带绑在健身器材上进行锻炼。

地学写作

采访 假设你是一名报社的记者，你要采访一位刚从太空回来的宇航员。请为这次采访准备至少5个关于微重力如何影响人类身体和宇航员每天必须完成的任务方面的问题，也可以问一些宇航员个人经历方面的问题。你还可以访问美国国家航空航天局等官方网站，了解更多关于太空旅行的知识。

地球科学与技术

空间气象和地球系统

强烈的飓风和龙卷风会对房屋和其他建筑物造成价值数百万美元的损失。这样的强风暴还可能造成某些地区的人员伤亡和电力、通信系统的中断。在宇宙空间中,也有这样的天气现象。太阳风暴会对地球造成怎样的影响呢?

▲ 一次大规模的日冕物质抛射以数百万千米每小时的速度向宇宙空间喷发了超过十亿吨的粒子。幸运的是,这种大规模的抛射事件十分罕见。

空间气象 太阳耀斑和日冕抛射的太阳风暴向宇宙空间释放了数十亿高能粒子,这些粒子的运动速度可以高达 2 000 km/s。其中的一些粒子会与位于其运动路线上的地球磁层发生碰撞,就像河水遇到河中央的大块岩石一样。通常,地球的磁层会使这些来自太阳的粒子的运动路径发生偏转,但是,当太阳风暴足够强烈时,这些高能粒子会导致地球上的电力和通信系统中断。

监测空间气象 美国的两个政府机构:美国国家航空航天局和美国国家海洋和大气管理局,会对包括太阳耀斑和太阳风暴在内的空间气象进行监测并每日更新相关信息。电力公司、联邦航空管理局和美国国防部等都会利用这些数据,来帮助减小太阳风暴带来的损失。

通信 通信卫星、定位系统和军事信号都依赖由地球电离层反射的无线电波。电离层是具有带电粒子的一层大气，尤其容易受到来自太阳的高能粒子的干扰。这些高能粒子会扰乱无线信号，并中断信息传输。

卫星 太阳风暴会造成地球高层大气温度和密度的变化，进而导致卫星偏离其运行轨道。为避免出现这种现象，卫星必须被转移到更高的轨道上。另外，通信卫星还可能受聚集的带电粒子的影响而无法工作。

电力 电力公司会特别留意接收有关太阳风暴的信息，以避免造成电力中断。太阳风暴会通过供电线中产生感应电流而导致电力中断。1989年，一次太阳风暴造成了加拿大一些地区9个小时的电力中断。这次事件影响了约600万人，电力公司花费的维修费用也超过1 000万美元。

▲ 太阳风暴会造成电力中断。

地学写作

小册子 探索更多有关空间气象的资料，并制作一个能够用来回答关于空间气象常见问题的小册子。小册子中要包括有关空间气象的成因，以及为什么要监测空间气象等信息。

地球科学与社会

水的价值

当你从饮水机取水喝的时候,你有没有想过这些水是从哪里来的?水可能来自于地下水、地表水、水井或水厂,具体取决于你居住在哪里。

我们的水源 水资源看起来非常丰富,因为地球大约71%的面积被水覆盖着。然而,地球上只有不到1%的水能够作为日常用水,用于饮用、做饭和灌溉等。因为水资源是有限的,所以水源是一个非常关键的问题。

绿色沙漠 美国西南地区气候炎热、干旱,这里很难看到绿色的草坪和成排的棕榈。因为年降水量极少,所以这个区域的大部分地方属于干旱地区。但是,随着该地区许多城市的人口持续增长,其对水的需求量也随之增加。

美国西南地区的许多城市都是抽取同一片地下水源。该地区抽取地下水的数量往往大于降水补充量,结果导致地区供水不足。有一些大城市想要通过将河流、小溪或湖泊里的水作为家庭用水来解决这一问题。

用水争议 80年以前,美国西部一些州的居民意识到他们需要从科罗拉多河取水。在1922年,他们达成了科罗拉多协议,确定了用水范围以及用水量。

今天,美国和墨西哥有3 000万的人在使用科罗拉多河里的水。随着上游用水的增加,下游用水越来越紧张。当科罗拉多河流到美国和墨西哥的边界时,已经变成了一股细流。河流水量的减少导致墨西哥和美国的关系变得紧张。墨西哥北部的居民要求,对于科罗拉多河,他们应该有和上游居民一样的用水权利。

▲ 葛兰峡谷大坝是科罗拉多河上可以控制河流流量的水坝之一。

环境影响　因为公共用途对河流造成了一些危害，结果导致一些依靠河流的自然生态系统也受到了影响。如图所示，河流的某些区域建了水坝，或者被人为改道，这些都会对该地的野生鱼类造成危害。

随着河流流量减少，携带到科罗拉多河口三角洲的营养物质和沉积物越来越少。原先在这个区域里生活的动植物也开始面临生存危机。

地学写作

随笔　在网上查找更多有关可持续用水的资料。你所在的城市是否做到了水资源可持续利用？写一篇随笔解释你所在城市的水资源利用情况。

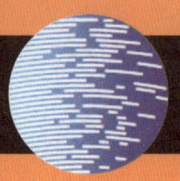

地球科学与技术

黑洞是"绿色"的？

黑洞听起来就像是从科幻书里面出来的一样。它们是致密的天体，没有任何东西可以从黑洞中逃脱，甚至光也不例外。黑洞的引力足够吸引任何靠近它的天体。

寻找黑洞 黑洞很难观测，因为它们不会发射光波。同时，那些由大质量的恒星坍缩形成的黑洞其实是很小的（质量仅是太阳的2到3倍）。天文学家通过黑洞能吸收物质这一特性，来确定黑洞可能位于什么位置。

超大质量黑洞 在一些星系的中心，存在着一个与众不同的黑洞——超大质量黑洞。这些黑洞十分巨大，它们的质量可以达到太阳的100万倍，甚至10亿倍。

科学家们认为，超大质量黑洞是超大型星际气体自我坍缩时形成的。一旦物质经过黑洞周围被称作"事件穹界"的球形边界时，它就会被吸入黑洞，且再也逃脱不了。

▲ 在这幅由钱德拉X射线望远镜拍摄的照片中，X射线由掉入黑洞中的物质被加热后发出。

能量 在物质被吸入"事件穹界"前,它通过摩擦和黑洞的磁场获得能量。这些能量以漫射光和聚向射流的形式释放。

不管是以无线电波的形式,还是以高能X射线的形式,喷射流所释放的能量是漫射光所释放能量的1 000倍。喷射流从黑洞边向外运行的速度近乎光速,在它们所到之处都会形成"气泡"。这些"气泡"的大小可以达到数千光年,而科学家们正是通过这些"气泡"发现了超大质量黑洞的热效率。

黑洞是"绿色"的 近期,科学家通过对超大质量黑洞的研究,发现了一个有趣的现象:黑洞是宇宙中热效率最高的天体。事实上,斯坦福大学的一位物理学家曾经提出这样一个说法:如果你能够制造出一辆热效率跟黑洞差不多的汽车,你就可以用一加仑汽油行驶16亿千米!

天文学家们认为,超大质量黑洞释放的能量事实上阻止了恒星的形成。它们所释放的热量阻止了气体的冷却,以及数十亿颗新恒星的形成,还有效地限制了每个星系的大小。

地学写作

总结 继续深入探究黑洞,并对你找到的其中一篇有关黑洞的有趣、科学、准确的文章做一个总结。

版权说明

Alton Biggs, Whitney Crispen Hagins, etc.
Biology
ISBN: 978-0-07-894586-1
Copyright ©2012 by McGraw-Hill Education.

Francisco Borrero, Frances Scelsi Hess, etc
Earth Science Geology, the Environment and the Universe
ISBN: 978-0-07-658713-1
Copyright ©2013 by McGraw-Hill Education.

All Rights reserved. No part of this publication may be reproduced or transmitted in any form or by any means, electronic or mechanical, including without limitation photocopying, recording, taping, or any database, information or retrieval system, without the prior written permission of the publisher.

This authorized Chinese abridgement edition is jointly published by McGraw-Hill Education and Zhejiang Education Publishing House. This edition is authorized for sale in the People's Republic of China only, excluding Hong Kong, Macao SAR and Taiwan.

Copyright © 2018 by McGraw-Hill Education and Zhejiang Education Publishing House.

版版权所有。未经出版人事先书面许可，对本出版物的任何部分不得以任何方式或途径复制传播，包括但不限于复印、录制、录音，或通过任何数据库、信息或可检索的系统。

本授权中文简体字删减版由麦格劳-希尔（亚洲）教育出版公司和浙江教育出版社合作出版。此版本经授权仅限在中华人民共和国境内（不包括香港特别行政区、澳门特别行政区和台湾）销售。

版权©2018 由麦格劳-希尔（亚洲）教育出版公司与浙江教育出版社所有。
本书封底贴有McGraw-Hill Education公司防伪标签，无标签者不得销售。
浙江省版权局著作权合同登记号：11-2018-536

图片版权说明

本书图片多数由中国图库和站酷海洛PLUS提供，特此声明。个别图片未能与图片版权所有人取得联系，深表歉意，请相关人员见此说明后与我社联系，联系电话：0571-88909745。